I0786681

PRISONNIERS DE L'INFORMEL

Prisonniers de l'informel

DU MÊME AUTEUR

- Destins Liés / ISBN-13 : 978-1706555117
- L'histoire de Léa na Mundo: La ville de Douala en parle encore / ISBN-13 : 979-8834606802
- La Grande Mutante: De la ruée vers l'hymen à la décrue / ISBN-13 : 979-8340585318

Simon Ngaka

Prisonniers de l'informel

Saimondy

Simon Ngaka BP : 4 310 Boulevard de la Réunification
Deido Douala Cameroun

Code ISBN : 9798684999666
Marque éditoriale : Saimondy
Dépôt légal : septembre 2020
Infographie : Saimondy

À toute la grande famille de Ruth et Gustave JENGUÉ NGALLÈ,

 Et à Katarzyna MATULKA de la Pologne, qui a rendu beaucoup de choses possibles dans ma vie.

Simon Ngaka

1

Il pleuvait des cordes sur les tôles ondulées des comptoirs. Le vent sifflait et projetait de part et d'autre de la voie qui traverse le marché, tomates, piments, pommes de terre, légumes de toutes sortes et tout ce qui avait été négligé par les *Bayam-sellam*, des revendeuses dont les pluies diluviennes et le soleil lancinant sont de pires ennemis. Sur des cintres des fripiers dansaient des chemises dont les contorsions rappellent des ombres chinoises lors d'une séance de yoga. Plus d'une fois, Muna avait pensé tout remettre dans le sac et boucler sa journée, avant même de l'avoir commencée, mais il va plutôt choisir réduire les vêtements exposés sur les cintres, comme il voyait faire les anciens. Alors que tous les commerçants priaient pour que la pluie cesse, le ciel, quant à lui, signalait plutôt une autre journée morne en cette fin du pluvieux mois d'août au Cameroun. Les personnes venues très tôt s'approvisionner, surprises par les averses, avaient pris d'assaut les comptoirs d'où l'on entendait piaffer les commerçants qui n'étaient plus du tout accueillants. Ils avaient un moral laminé par une nouvelle journée qui s'en allait au vent.

La pluie redoubla d'intensité autour de neuf heures du matin, au mépris de l'œil du jeune homme qui scrutait le ciel à la quête d'un soupçon d'accalmie. La puissance du vent semblait augmenter à chaque rafale. Des filets d'eau s'échappant des lattes pourries sous des tôlcs rouillées et percées, vont le contraindre par la suite à emballer plus de la moitié de sa marchandise, pour ne pas subir de perte. Après avoir emballé ses murs de coton et de polyester, il se mit à marquer des pas sur place et à frotter ses mains l'une contre l'autre, pour se réchauffer. Le chant de la pluie sur les tôles ondulées l'invitait à somnoler, malgré la mauvaise posture.

Après avoir supplié en vain le ciel de les laisser pointer leur pain quotidien, sans manquer de maudire dame pluie dans plus d'une langue du pays, les plus réticents à emballer finirent par se plier au diktat du vent. Lorsqu'il pleuvait au marché Ewoué de Mvog-Ada, la boue décourageait d'y faire ses achats. Il ressemblait alors à un petit coin perdu où la majorité des activités commerciales s'est arrêtée, jusqu'au prochain brin de soleil.

Assis sur une latte horizontale de son comptoir, comme une poule perchée sur le toit d'une cuisine du village, le regard errant de Muna s'arrêta sur un tas d'habitations en immersion dans des eaux sales de *Fanta-Citron*, un quartier à l'ouest du carrefour Cornier, traversé par l'Ewoué, un cours d'eau qui sait sortir de son lit à la moindre pluie, pour le malheur des riverains. Lorsque cet affluent du Mfoundi sort de son lit, le grand cours d'eau qui traverse la ville de Yaoundé de long en large pour se jeter à son tour dans le Nyong, les habitants de ce quartier sont obligés de hisser chaises et matelas sur des hauteurs, en s'accrochant eux-mêmes et leurs enfants quelque part, pour ne pas être emportés par les eaux à hauteur d'homme. Les moins chanceux boivent des tasses de cette eau sale et nauséabonde. Il se raconte même qu'à une époque encore récente, il ne se passait pas une année sans qu'on signalât la disparition d'enfants, emportés par les eaux de la grande saison des pluies. Les enfants de familles abandonnées à la précarité des quartiers difficiles. Heureusement que la providence leur a envoyé « l'homme en blanc ». Un monsieur d'une cinquantaine d'années qui s'habille toujours en blanc de la tête aux pieds, et qui se bat chaque jour à rendre vivable le quartier Fanta-Citron de Mvog-Ada, soucieux, peut-être, de cacher la misère, l'exclusion et l'oubli sous un peu de propreté.

Le regard plongé dans les eaux qui ruissellent en dessous des comptoirs d'en face, Muna réalisait que la pluie donne le même spectacle de désolation dans tous les quartiers pauvres et mal tracés. Il pensait à son quartier Bawedi, à Douala, la ville aux pluies qui n'en finissent pas, avec des effets désastreux contre les populations de Bessenguè, de New-Bell ou de New Deido. Le spectacle était presque le même. C'était facile, avec le chant berçant de la pluie, de plonger dans ses souvenirs, de repenser à la vie qu'il venait à peine de quitter.

Il y a une semaine encore, il se morfondait à New-Deido, une banlieue traversée par le Boulevard de la Réunification. Il y avait réussi à survivre plus d'un an, grâce aux cours de répétition en philosophie, en histoire et en français, et ceux de musique et de guitare qu'il dispensait aux jeunes de son quartier. Mais aussi grâce à quelques pièces d'argent que son papa lui donnait après avoir touché sa pension retraite tous les trois mois. Pas grand-chose. Pour se changer les idées, il avait sa guitare qui ne le quittait presque jamais.

De jour comme de nuit, elle a chanté avec lui ses compositions teintes de beaucoup plus de spleen dans l'âme que de la joie au cœur.

Il se rappelle la veille de son départ pour Yaoundé. Tout était vite arrivé dans l'après-midi, alors qu'il composait une musique de Makossa, le rythme camerounais qui fait danser toute l'Afrique. Il avait pris une pause pour calmer la faim qui lui tordait les entrailles. Il avait mouillé le tapioca pour le rendre tendre et le faire gonfler, en faisant déborder le bol sans toutefois vider la bouteille dont le précieux contenu coûte 25 Francs CFA chez le malin voisin. Ce dernier avait trouvé l'astuce d'offrir, sans trop de peine, le petit-déjeuner à ses mioches, en investissant ses ultimes économies dans l'achat d'un frigo de seconde main. Le malin voisin avait pour partenaires la chaleur qui dépassait des fois les 42 °c et la rareté de l'eau potable dans ce quartier auquel l'on comptait facilement, dans la décennie quatre-vingt-dix, un frigo pour presque vingt foyers et une borne fontaine pour pas moins de deux mille âmes. Il fallait y penser tout simplement.

Dans ce quartier de la ville de Douala, misérablement noyé dans les eaux nauséabondes du Ntondè, et dont les maisons perdent leurs tôles à chaque orage, où les cases se disputent la première place de la dégradation la plus avancée, à Bawedi, le quartier de ses parents, où il était retourné vivre après avoir été poussé par la force des choses à abandonner l'Université, Muna se souvenait s'être battu ainsi plus d'une année durant contre l'adversité de la vie et la misère au quotidien. Il avait perdu beaucoup en kilos et même en santé, par rapport à ses deux premières années universitaires passées à Akwa, chez sa grande cousine qu'il appelait Tata Charlotte, où il semblait avoir bonne mine, malgré un moral très bas. De sa propre volonté épuisée par trop de pression au niveau social, scolaire et familial à la fois, il était retourné vivre auprès de son pauvre vieux père chez qui, trois à quatre fois par semaine, il se contentait du tapioca pour survivre : la nourriture des démunis, le sable, comme l'appellent les étudiants qui en ont fait le plat de survie dans les campus, lorsque le ravitaillement des parents tardait à compléter l'action du restaurant universitaire.

Debout sur son comptoir de friperie, Muna se souvenait que c'est au moment où il allait mettre le bol vide dans une petite bassine à moitié remplie d'eau qu'il a entendu des pas sur son dos. C'était son neveu Bachou, un grand garçon qui l'appelle Tonton Muna. Chaque fois que l'un de ses neveux se pointait ainsi, il le savait porteur d'une nouvelle ou d'une recommandation de sa grande sœur de Yaoundé.

— Elle te propose de monter.

Le ton de son neveu était très enthousiaste.

— Elle dit avoir entendu, je ne sais pas par qui, que tu passes le temps à vagabonder dans le quartier, à ne rien faire d'autre que grincer à la guitare et transformer la maison en école de musique. Elle dit avoir appris que tu es devenu quelqu'un d'autre, physiquement quoi… mais à te voir, je peux penser qu'elle a un peu exagéré. En fait, tu sais comment elle est. Elle exagère toujours un peu. Elle a tout simplement peur que tu ne ressembles à ces jeunes du quartier qui passent le temps à faire des problèmes un peu partout par désœuvrement.

Muna savait que l'inquiétude de sa grande sœur était quelque peu fondée sur son apparence physique. Ses vêtements étaient devenus vieux et usés. Il traînait au quotidien avec une paire de *sans-confiances* aux pieds, une sorte de pair de sandales en plastique répandues dans toute l'Afrique. Il avait été « baptisé » une fois arrivé dans la jungle de Bawedi. On lui avait presque tout volé : chaussures, vêtements, sacs. Il ne lui était resté que les seuls habits qu'il avait sur lui. Pas grand-chose : un vieux bermuda, un jeans délavé taché par endroits et un t-shirt froissé. Diminué matériellement et physiquement, il l'était devenu psychologiquement au fil des jours. Pour se donner un peu d'espoir, il avait même fréquenté une église baptiste, l'une de celles dites réveillées, du côté de Bonéwonda, à Akwa-Nord. Grâce à la parole de Dieu, il avait eu le sentiment de se retrouver un tant soit peu. Il s'y était senti aimé, mais surtout protégé contre la dureté de la vie que la parole divine amoindrissait, en produisant un espoir qui devenait une espérance, à travers la voix du pasteur qui lui a martelé plusieurs fois par semaine : « *Le Seigneur t'aime tel que tu es. Il a un plan pour toi …* ». Qui, à sa place, ne se serait pas senti mieux face à cette bonne nouvelle annoncée au moment de sa traversée du désert ? Lorsque tous les soucis de la vie, notamment l'inquiétude humaine sur terre, deviennent des vanités ; lorsqu'on est rappelé ne pas vivre seulement de pain, mais de toute parole sortie tout droit de la bouche même du Créateur ?

Il se rappelle avoir sur le champ repris quelques forces lorsque le neveu lui a soufflé avoir un bon paquet de billets de banque à lui remettre. Waouh ! Peutêtre la fin d'une vie avilissante qui avait fait de lui une proie calfeutrée dans un agaçant désespoir éternellement recommençant.

Debout sur son comptoir de vêtements, il se rendait bien compte qu'être devenu fripier a changé des choses dans sa vie. En attendant un probable concours administratif ou une suite favorable à ses multiples demandes d'emploi, cela a quelque peu relégué son amour pour la musique et l'écriture de son premier roman au second plan. L'omelette ou les œufs. La veille de son départ a été, de toute cette période, l'unique nuit où il a dormi sans craindre le lever du soleil, comme si ses nerfs avaient été plongés dans une bassine de sédatifs. Le bon sommeil réparateur lui avait redonné du tonus nécessaire pour se lancer le matin suivant à la recherche d'un ballot de friperie dans les dédales du marché central. Et c'est avec l'esprit serein qu'il avait pris le chemin de Yaoundé.

Contrairement aux années précédentes, il ne se souvient pas avoir eu, cette fois-ci, un quelconque pincement au cœur en quittant le coin de son enfance. Même pas en laissant derrière lui les hommes et femmes auprès de qui il était retourné passer plus d'un an de sa vie. Mais il en eut pour son papa qui prenait de l'âge, qui pour tout héritage, en plus de l'école, lui a transmis quelques techniques musicales apprises au camp Scout. Celui de Jamboree de la France des années cinquante et d'assez bonne lecture du solfège reçu des colons allemands.

Dans le bus qui le transportait vers cette autre page de son destin à écrire, Muna avait fait intérieurement une prière au Seigneur. Il lui avait demandé de tout mettre en place pour que jamais plus jamais, il ne retourne vivre dans ce quartier tombeau de jeunes. Du moins, pas tant qu'il n'avait réussi à émerger. En effet, personne ne souhaiterait de bon cœur revenir dans un coin où, allègrement, les plaies de la vie frustrent les esprits, où misère et insécurité entraînent vieux et jeunes chaque jour à l'abattoir du désespoir et à celui de l'abattement, sans manquer de leur faire voir de toutes les couleurs, aussi lugubres les unes que les autres. Un bel endroit pourtant pendant la saison sèche. Avec son sable aux cristaux blancs qui vous donnent la joie d'une ballade, mais dont la beauté du paysage, contrairement à celle d'une plante, flétrie une fois arrivées les pluies. Lorsque venue la boue issue de la terre noire et le ruissellement des eaux nauséabondes. Tout simplement, suppliait-il l'Éternel de lui ouvrir les portes d'une vie beaucoup plus heureuse et bien plus digne.

C'est accompagné de sa grande sœur qu'il était venu s'acquitter des frais de location de son comptoir, trois jours après qu'il est sur Yaoundé. Il avait une vague idée du marché Nkol-Éwoué de Mvog-Ada qu'il avait assez bien connu à l'époque où il était élève de sixième au Collège Madeleine de Mvog-Mbi. Il avait profité de l'instant de mise au point qu'avait sa sœur avec le propriétaire du comptoir pour le revisiter. Un long couloir d'environ deux mètres de largeur traversait deux rangées de comptoirs de friperies parallèlement alignés. Il y en avait de toutes sortes. Des comptoirs de t-shirts et de polos, ceux des moulants, des caleçons anglais, des bermudas, des sacs. Il y en avait pour robes et pour corsages, pour jupes de dames âgées au bout du couloir. Deux ou trois personnes vendaient des dessous féminins et des bikinis. Les vendeurs de chaussures avaient leur rayon. Quelque part, il avait entendu criailler un moulin à écraser et avait pris un couloir pour découvrir le prolongement du marché. Le moulin à écraser était fixé derrière une mercerie entourée de vendeuses de fruits et légumes fraîches.

Tout le temps qu'il s'était perdu dans ses souvenirs, les yeux dans la latérite qui coulait par-ci par-là, en créant de la boue rouge et visqueuse dans cet espace marchand non goudronné, la pluie avait considérablement baissé d'intensité. Sans qu'il ne s'en rende compte. Mais l'esprit en voyage avait soupçonné le regain d'activité et était revenu dans la chair luttant contre le froid. Les mares d'eau avaient fait leur apparition. Le ruissellement des eaux venues de l'autre bout du marché traversait diagonalement le long couloir en créant au passage une érosion régressive qui donnait une occasion aux *Bayam-sellam* de jeter leurs ordures dans l'Éwoué. Heureusement que les pluies de Yaoundé ne tirent pas sur toute la journée, comme celles de Douala. Autour de onze heures, elle laissa revivre le marché. Prestement, après les dernières gouttes de pluie, chacun se remit à son labeur. Pour se sentir psychologiquement bien, il avait besoin de vendre au moins une pièce, ne serait-ce que pour se nourrir à midi. Il lui fallait ôter le « sans-dame », comme il entendait dire dans le jargon des fripiers. Le « *sans-dame* » est la première pièce de la journée que vend le commerçant. Ils faisaient ainsi allusion au jeu de dames dont ils sont friands dans les moments creux de la journée. Emballer le soir sans avoir rien

« sorti », c'est-à-dire, sans avoir rien vendu, sans qu'aucun article ne soit « parti », parce qu'il y a aussi des jours sans, met le fripier à la place d'un joueur de dames battu sans être couronné roi. Au moins une fois au cours d'une partie. Pour les superstitieux, cette première pièce est très importante, elle annonce la couleur du marché. Pour d'autres, elle est le remboursement, même partiel, des frais de transport de la journée.

— Oui monsieur, une chemise blanche pour le premier banc à l'église… Regardez celle-ci, elle est très belle… Oui, celle-là aussi, essayez sans ôter votre t-shirt… Je la fais à un bon prix, Monsieur…

Et cela repartait ainsi entre revendeur et acheteur qui marchandent sur le prix. Trois fois, il passera à côté. Mais à la quatrième, son verbe sera efficace et le client lui prendra une chemise. Il avait ôté le « sans-dame ». La journée pourrait être autre chose que ce dont il avait pensé. Lorsqu'il vendait ainsi, il reprenait le cintre nu et le rhabillait d'un nouvel article qu'il prenait dans le tas en attente dans le sac. Ou sur le parquet construit de planches imbriquées les unes aux autres afin d'exploiter toute la surface d'un comptoir. De telle sorte que celui qui s'y retrouve ait l'impression d'être dans une petite pièce de 4 m² de surface, en murs de coton, de polyester et de lin. Voire dans une tente sentant l'odeur des tissus longtemps comprimés. Tout ce qui n'était pas installé était versé sur le plancher qui servait aussi de lieu de sieste à tous et de lecture à quelques-uns comme lui.

Dans l'après-midi de ce cinquième jour de marché, après avoir justement parcouru quelques lignes de « *Les Honneurs perdus* » de Calixthe Beyala, il sortit du comptoir et alla se placer à l'allée où passaient les téméraires qui affrontaient la boue et les eaux sales qui se déversent dans l'Éwoué. L'odeur des marguerites était mélangée à celle des toilettes qui avaient débordé dans les quartiers environnants. Face à son comptoir, les bras en croix, Muna s'étira en bâillant à se décrocher la mâchoire. Il surprendra plus d'un œil interrogatif en sa direction. « *Ils doivent se poser des questions* », se dit-il. Les premiers jours, certains d'entre eux s'étaient même fait passer pour des clients afin de sonder ses prix. Ils s'étaient approchés, avaient feint d'être intéressés, avaient même discuté les prix, pour laisser tomber au dernier instant. C'est un peu plus tard qu'il avait compris le manège.

Avec deux autres descentes avant seize heures, la pluie avait rendu la journée morne comme celle d'hier. Malgré lui, il empila toute sa marchandise dans son gros sac en bâches qu'il confia au porteur qui le déposa au magasin. Un albinos hyper sympa et très compréhensif que tout le monde appelle Whatt ou le blanc. Celui-ci déposait chaque sac dans son magasin respectif, moyennant une somme de cent Francs CFA par jour. Whatt le blanc donnera l'occasion à Muna de côtoyer un jeune albinos sans aucun complexe. Il se nourrissait de tout, sans allergie, se saoulait à la bière et s'éclatait dans les coins chauds de la capitale.

C'est ainsi que se termina la cinquième journée de Muna comme fripier. Le soir, de retour chez sa sœur où nièces et neveux l'attendaient pour le débriefing, il racontait sa journée en se dirigeant vers une grosse boule de couscous à la sauce gombo.

Devenu fripier, il avait repris l'esprit énergique de sa période estudiantine. Il dormait très tôt afin de se réveiller au premier chant de coq. Il se rendait au marché en empruntant une des nombreuses voitures de ramassage n'ayant aucune autorisation du ministère des Transports que le langage commun appelle *opèp* ou clando. On en trouve de toutes sortes sur la route de Mimboman-Dispensaire, cette autre partie de Yaoundé qui s'ouvre petit à petit à la ville, où chaque jour les villas de nouveaux riches poussent comme de l'ivraie et finissent par ôter des esprits que ce côté de la ville n'est rien d'autre que le village de certains. Lorsque le clando le déposait au grand carrefour de Mimboman-Terminus, face à la gare de l'Est, il pouvait prendre à pied par Émombo ou par la nouvelle route d'Essos, ou encore emprunter un autre clando pour le marché d'Essos et continuer à pied sans trop se dépenser. La dernière solution était le plus souvent son choix, d'autant plus que difficilement avant neuf heures du matin, le marché de Mvog-Ada, encore appelé le marché Nkol-Éwoué ou de la colline Ewoué, a trop grand monde. Ses premières heures de la journée avaient un calme qui implore qu'on y mette un peu de chaleur. Les *Bayam-sellam*, revendeuses toujours matinales, dormant dans le froid des comptoirs en attendant la livraison de trois heures du matin, sont les premières à poser des tas de leurs produits pour des ménagères aussi matinales qu'elles. Whatt sortait les sacs selon que se signalait chacun avec le « how » ou le « comment gars » qui sont définitivement ancrés dans les salutations habituelles de toute la jeunesse camerounaise.

Déshabillés la veille au soir, les comptoirs, comme des squelettes en bois, ressemblaient aux bicoques d'une vieille ville des films western. Dès l'aube, ils attendaient la chair de coton et l'éclat des couleurs qui les regarniront et leur redonneront vie. Petit à petit, après neuf heures, l'âme du marché renaîtra des murs de coton qui se rebâtissent ainsi chaque matin.

— Tu tends les pièges.

C'est à une variable près la formule amicale des *Asso*, les clients maison, qui se font remarquer au passage pour la même réponse amicale du fripier.

— Ah ! On essaye de voir si ça va mordre.

Installer la marchandise, c'est tendre des pièges. L'image se comprend aisément. Après la première semaine dans cette activité, Muna va apprendre qu'il existe trois sortes de fripiers : le déballeur, le trieur et le lanceur.

Le déballeur est celui qui achète un ballot entier de vêtements depuis le magasin de l'importateur et le décèle devant les clients, auxquels il permet de faire un choix qui sera conditionné au pouvoir d'achat de chacun.

Quant au trieur, c'est celui à qui le déballeur confie son ballot, seul ou en partenariat avec un autre, pour le déceler à sa place et y faire des choix, sur la base de certains critères arrêtés par accords communs et conditionnés par le genre et la qualité de la marchandise. En règle générale, un trieur prend autant de bonnes pièces possibles de premier et de deuxième choix. Le jargon des sauveteurs appelle ces meilleures et belles pièces des « diamants » ou encore les « cœurs du ballot ». Sur près de deux cent cinquante pièces d'un bon ballot, les premiers choix font souvent quinze à vingt-cinq pièces, les deuxièmes nagent entre trente-cinq à cinquante-cinq. On serait ainsi dans un maxi de soixante-quinze pièces que pourrait prendre un trieur. Les déballeurs aiment bien fonctionner avec les trieurs. Dès le départ, ces derniers leur assurent la vente d'une bonne frange de la marchandise à un bon prix. Ce qui leur permet de mesurer l'allure du ballot et de se concentrer par la suite sur la seule ventilation des restes, gagnant ainsi un temps toujours convertible en argent.

Enfin, parce qu'on ne peut pas vendre tout ce qui sort d'un ballot, il y a le lanceur. Il achète tous les invendus d'un ballot, et si possible en espèces lorsqu'il n'a pas la confiance du déballeur. Le jeudi déjà, il sillonne comme un renard le marché afin de s'assurer pour vendredi les restes des ventes sur comptoirs. Ce type de vendeur est appelé lanceur parce que son achat des restes propulse le mauvais gérant vers son prix d'achat et le plus adroit dans les ventes vers un bénéfice conséquent. Disons donc qu'il lance son collègue sur orbite commerciale. Il est le prototype même du vendeur à la sauvette. Il écoule de jour comme de nuit sa marchandise au bord des rues, à même le trottoir, et même dans les lieux de la ville qui sont interdits aux vendeurs de friperie. Il le fait en bravant la peur de se faire prendre par les agents de la communauté urbaine ou du maintien de l'ordre. Il crée des embouteillages, perturbe la circulation, est toujours sur le qui-vive et toujours prêt à se sauver. Mais malgré toutes ces tracasseries, pour celui qui est rôdé dans l'exercice, il existe l'espoir d'avoir un bon bénéfice, alors même qu'il ne paye ni impôts, ni droit de place dans un marché.

Seulement, même le lanceur ne liquide pas toute sa cargaison. Il revend à son tour ses restes à un autre lanceur, d'échelle inférieure, qui collectionne, à partir de plusieurs lanceurs, une balle pleine de derniers choix, et dont le prix d'achat aura coûté moins de cinquante Francs CFA la pièce. Ce dernier écoulera sa « bouillie » dans un village des environs. Une œuvre de charité qui ne dit pas son nom.

Très tôt, Muna comprendra aussi que le trieur se nourrit du ballot du déballeur. Qu'il n'y vient que pour piquer du beau, du neuf, du propre et de la mode actuelle. Il lui a suffi de jeter un coup d'œil dans leurs comptoirs pour se rendre compte que ceux-ci n'accrochent que du stylé et de la marque. Il avait aussi noté qu'une fois accrochées dans leurs comptoirs, les pièces avaient leurs prix haussés. De mille cinq cents Francs CFA chez le déballeur, on serait chez le trieur à plus de cinq mille Francs CFA, pour la même pièce. Les proies faciles étant les *fashion-victims*, les victimes de la mode, qui n'en laissent passer d'aucune tendance, d'aucun style, d'aucun look, comme de vrais connaisseurs de marques célèbres. Les connaisseurs ? Il allait en voir de toutes sortes dans ce marché entouré de trois quartiers réputés être ceux des plus grands noctambules de la ville de Yaoundé : Mvog-Ada assailli par des bars dancing, Anguissa où les jeunes se font la concurrence de la sape et Nkolndongo peuplé de belles de nuit. Des quartiers où la gent féminine – il faut dire de toute la jeunesse – se réveille au coucher du soleil, et où après quelques joints tirés, les durs vont se chercher en bande, vers des portes à forcer ou sur les cartons de putes. Les filles, quant à elles, iront s'exhiber dans des lieux dits « stratégiques », comme des pièges sexuels pour ceux qui auront le feu libidinal, pour des messieurs ayant délaissé leurs épouses pour des cabarets et les rues de la joie aux sonorités de Bikut-si très endiablés, le rythme des régions du Centre et du sud du Cameroun, vitalisé par justement elles. Âgées de quatorze à soixante et cinq ans, elles se pavanent toute la nuit, en exhibant tout leur charme, se battant chaque soir à la sueur de leur sexe, pour se nourrir et pour élever leurs mioches. Mais surtout pour avoir de nouveaux vêtements. Ce dernier point étant non négligeable pour ceux qui mènent l'impitoyable vie du dehors. Une vie qui oblige d'être chaque soir encore plus agréable à voir que la veille. Plus jolie que celle d'hier qui a tout ravi, de donner un peu plus de chance à sa petite vie entretenue, la faim au ventre, auprès des ventrus, des véhiculés et par le mari d'autrui ; avec les voisins du quartier qui profitent de la promiscuité des lieux, avec tous les hommes qui en font la bouée de sauvetage sexuelle. Également avec des ados à peine pubères, leurs « bons gars », qui se retrouvent précocement responsables d'un, de deux, voire de trois bambins de mères différentes. Des bambins qu'ils n'ont jamais désirés et par conséquent, auront vraiment du mal à prendre sous leur couverture, faute de moyen, s'ils n'ont simplement pas une longue peine à purger. D'ailleurs, le jour où l'une d'elles viendrait à dire ne plus voir ses règles, le bon gars terrassé par la dureté de la vie et très souvent encore sous le toit familial, lui disait de bien les chercher. De cesser de courir après lui. Il la conseillera d'aller plutôt voir ces messieurs bien de là-bas qui lui coupent maintes fois l'herbe sous les pieds. Ceux avec qui elle est allée, en suivant l'odeur du carburant ou le bip d'un portable, ou facilement flashée par quelques billets de banque. Et lorsque le vrai responsable ne pouvait être atteint, par instinct de survie, celle-ci s'accrochait sur le plus disponible de ses copains, voire sur le plus frimeur de ses bons gars, un très looké tombeur de jeunes filles avec d'éternelles nattes renversées sur la tête, en dreadlocks ou en rasta, avec un gros *Baguy* arrêté aux genoux, et qui toujours s'habille de la dernière mode.

Cette jeunesse *sabi-tout*, celle qui sait tout, était une fashion-victim, la proie un peu trop facile des trieurs du premier choix. Muna notera rapidement que, malgré cet environnement de prostitution, de frime et du m'as-tu-vu, le marché dans lequel il a atterri ressemble plutôt à un coin perdu, moribond, d'où ne se ravitaillent que quelques têtes fatiguées de prendre un taxi pour la ville ou pour le marché Mokolo. Il n'avait eu que quelques semaines pour le comprendre et voir son anxiété grandir devant cette nouvelle virée de sa vie.

Il avait aussi compris que chaque client a ses habitudes et son *asso*, le vendeur chez qui il achète régulièrement. Que celui-ci ait de la nouveauté ou non, au nom d'une complicité tissée avec le temps, qui joue perceptiblement sur les recettes journalières. Jusqu'à maintenant, il n'avait eu droit qu'à quelques coups d'œil marquant la surprise : un nouveau dans le coin ! Malheureusement pour lui, il est un nouveau vers qui on ne peut aller sans mécontenter un *asso*, sans avoir le sentiment culpabilisant de briser le lien de fidélité et de complicité dans les prix. Pour se doter d'une clientèle, il aura besoin de s'y mettre pleinement par son sourire, son verbe, ses prix et la qualité de sa marchandise. Mais aussi de compter sur le temps qui finit toujours par arranger les choses.

Le jeune homme comprendra aussi très vite qu'il n'est pas le bienvenu dans le coin. Son voisin direct le lui fera savoir très tôt. Les cintres s'accrochent sur des pointes fixées aux lattes horizontales, à l'intérieur de chaque comptoir, mais le voisin fait tout pour accrocher quelques-unes de ses pièces sur ses pointes. Lorsqu'il lui en fit la remarque un matin, le voisin décidé à lui faire comprendre n'avoir pas sa place dans le marché, lui répondra crûment de lui foutre le camp, avec de grands gestes à l'appui. Assis sur les marges inoccupées de leurs comptoirs, les autres fripiers regardaient la scène, se souciant peu de dire mot devant une injustice qui apparemment arrangerait tout le monde, si elle est consommée. Il était clair que les gars issus de la même région étaient en train de faire bloc contre lui. Mais contre quel envahisseur se liguent-ils, en pleine capitale politique du pays ? Malheureusement, longtemps dans ce marché, il sera confronté à cette triste réalité. L'animosité sans fondement réel n'avait pas totalement disparu. Une vue de l'esprit tordu, entretenue entre les tribus par le biais des concepts dépassés de la rivalité tribale et accentuée depuis la période coloniale par ceux qui avaient eu intérêt à voir s'entre-déchirer les enfants d'Afrique,. Elle avait même tendance à rejaillir dans chaque collectivité pluriethnique. Victime de petites violences répétées, il va se demander s'il n'était pas sorti d'un bourbier pour un enfer, ceci malgré son enthousiasme de nouveau fripier.

Se nourrir deviendra pour Muna un challenge à gérer dans ce marché. Dans la matinée, c'était encore passable, partout l'on trouvait comme déjeuner le trio beignets-haricot-bouillie. On avait aussi des *Lofombo*, ou de gros beignets qui sont dégustés avec du *Kossam*, le lait caillé frais que vend une femme dans des seaux en plastique. C'était beaucoup plus difficile pour lui de trouver de quoi se mettre sous la dent à midi. Pourtant, diner devrait être la moindre des choses dans ce marché dans lequel les femmes et les hommes célibataires de Fanta-Citron venaient manger chez Mma Woh, la maman du marché. Cette femme, d'une cinquantaine d'années, avait emménagé un feu de bois et posé deux longs bancs de six places chacun dans un hangar. Elle vendait pour deux cent cinquante Francs CFA un plat de riz assaisonné à la sauce d'arachide, du couscous au gombo avec un petit morceau de viande. Pour la même somme, on avait droit à un plat de râpé de Macabo, appelé *Kwakuku* dans la partie ouest du pays et *Békwàng* chez les Sawa de la Région du Littoral. On pouvait tout aussi avoir droit au plat de plantains à la sauce tomate dans laquelle nage une minuscule queue de maquereau frite à l'huile. Elle avait tellement d'énergie pour disposer parfois des mets traditionnels, jamais faciles à cuisiner, tels que le *Nkui*, le taro à la sauce jaune, le *Kondrè* (de l'anglais Country, pays, déformé ici en Pidgin, un plat des *Grass fields*). Dès fois aussi, elle se débrouillait au *Ndolè*.

Lorsque sonnait midi, chacun lorgnait le coin de Mma Woh. Les impatients se feront servir alors même que les marmites sont encore au feu. Très rapidement, défileront les plats, au fur et à mesure que chacun ira derrière. « *Aller derrière* » était l'expression employée par tous en parlant du coin de Mma Woh qui était justement à l'arrière du couloir principal du marché, rasant quasiment les eaux nauséabondes de l'Éwoué.

Les premiers jours, Muna a eu du mal à y aller. Malgré sa vie de galère, il n'avait pas été habitué à consommer une nourriture faite dans un cadre malsain, à la limite du repoussant et de surcroît, par une grosse femme tout en chair, suant près de son feu de bois. Une qui racle la sueur dégoulinant de son front du revers de sa main ou par un doigt replié en crochet. Si ce n'était avec un pan de sa longue robe noire qui lui plaquait une trace de poussière au front, et qui vous servait sans relaver ladite main. Lorsque sonnait midi et qu'il avait trop faim, l'homme découragé par cette image s'achetait des beignets, du pain chargé. Ou alors se contentait des friandises que vendent des adolescents ayant oublié la couleur d'une salle de classe, et dont le travail pour nourrir leurs parents n'est pas comptable par certains ONG, beaux parleurs, comme le travail des enfants.

Avec le temps qui passe et additionne les jours pour faire des semaines des mois dans notre quotidien tantôt terne et morne, tantôt gai et bruyant, la réalité oblige à faire des concessions dans nos vies. Se rendant compte de dépenser beaucoup plus qu'il n'en faut, le jeune homme s'exigea à traîner les pas vers chez Mma Woh, en commençant par le plat le plus présentable. Ne dit-on pas que ce n'est pas la saleté qui tue le noir ? Des fois, il avait préféré sauter le plat de midi pour boire le *shaï* après quinze heures, un thé des régions sahéliennes que vendait sur un plateau posé sur la tête un nigérien ayant trouvé terre d'accueil et d'opportunités le Cameroun. Le *shaï* était pour certains un en-cas, pour d'autres un excitant pour un peu plus tard dans la soirée, mais pour tous, il était le bienvenu, même s'il ne remplaçait pas du tout un bon repas bien chaud.

La rareté des clients irritait et rendait taciturne plus d'un commerçant. Muna se rendait compte chaque jour que le commerce de la friperie n'est pas aussi gérable qu'on le croirait à première vue. Seuls les néophytes pensent qu'on viendrait à bout de tous les articles d'un ballot. Ceci parce qu'ils ne prennent pas en compte la donnée importante qu'est le client qui n'achète que ce qui lui plait et ce dont il a besoin. Le nombre impressionnant de visiteurs dans d'autres marchés facilitait les ventes, contrairement au sien, qui est plutôt sec depuis qu'il y est. Le client pauvre n'exclut pas le moindre sou de ses calculs, puisque le pauvre dort dans l'illusion que la bourse n'est mieux gérée qu'une fois « *cinq Francs ne cherchent pas son frère* », comme aimait le dire le regretté comédien Jean Miché Kankan. En réalité, dans un ballot se mêlent aux bonnes pièces, des usés, des raccommodés, des déchirés et des bons à jeter. Certains sont tout simplement passés de mode, ou ont perdu de leur éclat. Personne ne les convoitera plus. Par exemple, pour deux cents pièces de chemises de son ballot, il devait le dimanche matin s'échiner à rendre une vingtaine aussi vendable que quarante autres en les détachant. En raccommodant astucieusement certaines, en faisant passer d'autres par la solution de l'anti-rouille, en mettant du détergent sur celles qui en ont besoin. De ces deux cents pièces de toutes sortes, il réussirait à en placer une trentaine en trois semaines et viendrait alors l'heure des calculs qui donnent la migraine. Son ballot coûtait cent vingt mille Francs CFA. Il avait près de cinquante-cinq mille Francs CFA encore dans les invendus pour faire le prix d'achat. Déjà trois jours qu'il ne vendait pas au-dessus de cinq mille Francs CFA. À vue d'œil, en proie à la poussière, à la pluie et au soleil, les chemises flétrissaient très vite. Celles aux couleurs jadis éblouissantes sont devenues rougeâtres. Seules celles qui ne disent plus grand-chose aux connaisseurs sont encore au comptoir. Tous les bons sont partis. Faudrait-il alors pousser jusqu'à quatre semaines ? C'est ce qu'il fît pour ce premier ballot. Cependant, la quatrième semaine s'écoula, elle aussi, sans grands changements. Au contraire, il avait plutôt dépensé en taxi, en manger, en entretien et en boire. Il y avait espoir du côté des lanceurs, lui avait dit un soir Anthony chez qui il loue le comptoir. Celui-ci avait compris l'erreur technique que le bleu était en train de commettre. Mais lorsque le moment était venu pour Muna de lancer pour la première fois, il se confronta à une autre réalité du terrain. Aucun lanceur de son marché ne voulut de son reste. Chaque fois qu'il le leur proposa, tous lui répondaient ne pas en être intéressés pour en prendre pourtant chez son voisin. C'était clair qu'on refusait de bosser avec lui. Dépité par cet esprit d'exclusion, il décida d'aller les chercher ailleurs, à Mokolo. Malheureusement là-bas, il tomba sur des lanceurs vicieux qui lui proposèrent des prix dérisoires dont seule sa capacité à bien négocier ramena ses entrées à un niveau un peu au-dessus de son capital. Au moment où les deux lanceurs associés pénétrèrent le marché pour prendre livraison de la marchandise, rassemblés à un coin du couloir, éberlués, les anciens dans le métier avaient du mal à croire que le plan de déstabilisation n'avait pas fonctionné. Malgré tous leurs artifices. Après avoir bien jaugé la marchandise au préalable, le prix de revient d'une pièce se situait à quatre cents Francs CFA pour les chemises et à moins de deux cent cinquante Francs CFA pour les t-shirts. Le blanc-bec avait réussi à se trouver des lanceurs.

Dans son bilan du premier ballot, Muna considéra que le transport, la nutrition, l'espoir de pouvoir faire mieux à l'avenir étaient son bénéfice, une première expérience. Le lancement signifiait aussi le début d'une nouvelle aventure. Il fallait aller sur Douala pour un nouveau ballot, à la grande satisfaction de toute la famille. À Bawedi, il avait toujours une réelle joie des retrouvailles. Son vieux papa, ses amis et le quartier qu'il parcourait d'une seule traite, l'œil collé à sa montre. Il n'y était que pour une demi-journée, juste le temps d'avoir son ballot au marché central. Son sac à dos n'avait qu'un polo et une brosse à dents au cas où l'imprévu le retiendrait pour la nuit. Aussitôt arrivé, il les quittait après avoir offert deux belles chemises de son premier choix à son papa, tout un paquet de vêtements à son petit frère et un peu d'argent de poche aux deux. Ayant connu des ventes difficiles dues en partie à son inexpérience et ayant compris que son premier ballot lui avait été vendu bien au-dessus du prix normal, il prit des résolutions. Car, il avait obéi à la loi du milieu comme tout nouveau. Il s'obligea avant tout achat de faire le tour de tous les magasins de vente de friperies en gros et détails, à monter et à descendre plusieurs fois les étages jusqu'à avoir mal aux mollets. Un exercice qui lui a permis de comparer les prix, en ne se privant pas de sonder l'intérieur des bâches, selon les habitudes du milieu. Lorsqu'il retourna chez son premier vendeur, celui-ci s'empressa de lui serrer la main. Le renard l'avait reconnu du premier coup d'œil.

— Comment vas-tu ? Tout s'est bien passé ?

Il se frottait le menton de sa grosse paume aux doigts noircis par la nicotine. Sans aller par quatre chemins, Muna lui fit savoir que non.

— Votre marchandise n'est pas propre. Il me faudrait une réduction de prix. L'autre a coûté trop cher… j'ai beaucoup perdu.

Comme dans le milieu l'on se comprend à demi-mot, sans avouer le crime que lui reproche le nouveau client à gagner, soucieux surtout de dédramatiser et de normaliser les rapports, il lui offrit une réduction de cinq mille Francs CFA que Muna négociera intelligemment à dix mille Francs CFA, en jouant astucieusement sur sa position dominante. Trente minutes après qu'il est entré dans le magasin, il en ressortait avec un ballot. À dix-neuf heures, il était sur Yaoundé.

Muna avait pris l'habitude de déballer à la maison dès son retour et pas au marché. Arrivé certains soirs après vingt heures, avec un peu plus d'expérience engrangée, il faisait un tri plus commercial en vue d'une plus grande rentabilité. Il permettait à chacun dans l'appartement de prendre au choix une chemise dans le tas des deuxièmes.

Son plan d'attaque a été modifié. En fait, il en élaborait un cette fois-ci. Il allait accrocher d'abord le deuxième et le troisième de ses choix pendant la première semaine afin de sauvegarder les diamants qui devront jouer un grand rôle dès la seconde semaine. Le jour suivant, aidé par un de ses neveux, décidé à toujours faire mieux, il se rendait au marché très optimiste. Il fallait l'être. Il avait fait ses calculs dans le bus. En additionnant les dépenses alimentaires, le transport de chaque jour, les frais de magasin qui s'élèvent à mille Francs CFA le mois, il faudrait impérativement hausser les prix et appliquer la gestion rigoureuse de toutes ses dépenses. Sans oublier ceux de Watt le porteur et des droits de place de la communauté urbaine qui sont chacun de cent Francs CFA par jour d'installation. Aussi, de cinq mille Francs CFA pour l'impôt libératoire qui sera là dans quelques jours. Sans oublier l'aller et retour entre Douala et Yaoundé. Il avait eu son galop d'essai et pensait venue l'heure pour laquelle la petite expérience engrangée devra créer des occasions de se faire un peu de beurre.

C'est ainsi qu'un matin, les figures devinrent de véritables papiers mâchés, une fois son apparition dans le couloir. Entre curiosité et envie de lui tordre le cou, la raison ou le cœur, quelqu'un préféra la bêtise de mettre les bâtons dans ses roues. Avant onze heures du matin, il s'était accroché par deux fois à Théo qui trouvait que ses chemises balancent un peu trop de son côté. Mais Muna ne savait comment gronder le vent, un peu comme le fit le messie, pour qu'il ne souffle plus ou cesse de rabattre ses chemises du côté du voisin. Le contraire aurait pu aussi se produire à l'occasion d'un vent inverse. En fait, ce qui a toujours inquiété Théo dans ce couloir est la nature « attaquant de race » de Muna. Dans le domaine particulier de la friperie, un bon attaquant est celui qui sait tendre des pièges. Celui qui sait surtout choisir de bons hameçons et qui a cette habilité pas très courante d'exciter la curiosité du passant de venir tout droit vers sa marchandise. Muna savait vanter à un client repéré à distance et conduit tout doucement vers son comptoir la qualité de ses articles dans un langage de pro. Comme un beau parleur, il savait vanter ses prix qu'il disait toujours les plus bas. Le verbe facile faisait aussi de lui incontestablement dans le domaine, un bon promoteur, un intrépide publicitaire et un marchandeur de grande qualité. Bref, les qualités de vendeur rivalisaient en lui, en faisant des victimes à chaque coup. Muna parvenait même avec une facilité déconcertante à faire acheter une chemise à une personne venue au marché pour du poisson. Parfois, les femmes qu'il persuadait, comme hypnotisées, trouvaient une raison de mettre la main dans l'argent de la ration journalière, pour une chemise dont elles n'avaient pas pensé au départ offrir à leur homme.

Sa tactique était simple, mais efficace. Dès les premiers jours, il avait fait un constat. Les autres fripiers attendaient les clients à l'intérieur de leur comptoir et ne ressortaient la tête que le temps d'un commentaire entre collègues. Or lui, n'était pas un homme qui épouse la logique attentiste. Il avait choisi de se mettre debout, face à son comptoir, afin de surveiller les deux bouts du long couloir qu'il a baptisé : « Boulevard du marché ». Dans sa logique, tout le monde pouvait acheter. Une fois qu'il avait repéré une tête qui faisait à peu près celle d'un client, il lui commençait son topo en tendant une main vers ses chemises.

— Oui, monsieur, madame, mon grand.

Des propos de dragueur, qui faisaient passer les plus petits et les moins âgés lors de « *l'attaque* » pour ses grands. Il avait compris qu'ils aiment être pris au piège avec respect et circonspection.

— J'ai de très belles chemises ici, la mère… Jetez un coup d'œil sur cette belle bleue bien coupée, papa.

Lorsque le client pénétrait son comptoir, il refermait le piège par un humble silence, ses deux mains croisées sur son dos. Et une fois celui-ci avait-il fait un choix qu'il lui commençait un nouveau baratin. A contrario, lorsque le client potentiel était hésitant, au moment où Muna aura lu la rétraction en lui, il créait immédiatement une occasion pour le motiver. Par le verbe le clouer, serrer l'étau avec un gant de velours. Car la proie ne devra jamais quitter le piège sans y avoir laissé des plumes en feuilles monétaires. Sa dernière carte dans ce jeu de mots et d'attitudes, la balle de chérif qui devrait mettre K.O. le Dalton, était à chaque fois de lui parler prix. Mais à la dernière minute, et si et seulement si celui-ci n'en a pas fait allusion jusqu'ici, afin d'ouvrir une nouvelle brèche.

— Je laisse à un bon prix, hein ? Vous avez combien pour celle-ci ?

En parlant, il tournait et retournait du bout des doigts la pièce qui avait accroché le regard du client potentiel qu'il plongeait dans le marchandage sans que ce dernier s'en rende compte.

— Tu m'as d'abord dit que c'est combien ?

Très souvent peu aguerri à ce jeu, le client se retrouve débattant du prix sans le savoir. Du « *je taxe à* », on tombait sur « *asso, dis-moi ton dernier prix* », pour finir avec « *Donne-moi ton bon, bon prix* ». Moins de dix minutes passées à l'intérieur du comptoir, le client ressortait avec un petit paquet dans ses mains, heureux d'avoir fait une bonne affaire, en promettant même de revenir. C'est cette nouvelle façon de vendre au marché Nkol-Éwoué qui agaçait Théo et beaucoup d'autres anciens. Ils se sentaient bousculés dans leurs habitudes. Ils étaient courroucés parce que le blanc-bec, ce « hier-hier », était en train de manger dans leur plat, au lieu de plutôt chanter leur chanson et danser à leur musique. Il leur était antipathique.

Théo, le plus susceptible de tous, bien agacé, déclenchera les hostilités en venant presque aux mains avec lui. À l'occasion de cette histoire de vent, il va pointer un doigt rageur à cinq centimètres seulement de son œil. Ce qu'il lui reprochait ? S'attirer tous les clients. Il va essayer par multiples intimidations de lui interdire de s'adresser à un visiteur qui n'avait traversé tous les comptoirs placés avant le sien. Sous peine de « *faire le ça gâte* ». Mais la position des comptoirs est défavorable à Muna dont le comptoir se retrouve au bout du couloir. Pour cela lui rétorqua-t-il qu'une personne qui ne s'est pas signalée pour un comptoir précis et qui n'est non plus un client habituel de personne est l'objet de conquête pour tous.

— On est client potentiel dans un comptoir lorsqu'on a l'intention de le pénétrer. C'est le principe de la concurrence.

Cependant, pour ne pas envenimer les relations par sa présence déjà très mal acceptée, et dans le souci de s'éviter des cas effectifs de conscience, il s'interdira certaines choses. Comme de prendre un visiteur par la main, de le dissuader par quelques artifices que ce soit à pénétrer le comptoir de son asso. Il n'allait non plus les chercher au-delà de son périmètre pour ne pas être l'instigateur d'une concurrence déloyale.

Mais tout ceci n'empêcha pas l'autre camp de recourir au dénigrement. À son quatrième mois dans ce marché, par un des visiteurs toujours hésitants, qui avait fini par pénétrer son comptoir, il saura qu'il se raconte partout qu'il a des prix exagérés. L'ayant astucieusement cuisiné, il saura en plus que le bouillant Théo et Tayou le voisin d'en face étaient à l'origine de cette méchante propagande. Il boira tranquillement la potion amère, heureux d'inquiéter dans ce combat qu'il avait jugé ne pas être celui des mains, mais plutôt celui de l'intelligence, de l'endurance, de la combativité. S'accrocher tout le temps n'avancera aucunement sa nécessaire recherche d'une clientèle fidèle.

2

La dernière semaine du mois fait grincer les dents aux sauveteurs. Les hommes et femmes qui pénètrent le marché à cette période du mois ont pour seul souci, celui de se nourrir. La majorité de personnes serre la ceinture à Yaoundé les derniers jours avant les salaires du mois. Dans la cité capitale, clairement une cité des fonctionnaires, les salaires régulent la vie. Le temps des poches vides rend le soleil très virulent au-dessus des têtes de tous les marchands de vêtements. Au fur et à mesure que l'esprit nerveux, altéré et fatigué, gagne la chair de leurs corps, nos fripiers s'exhibent spectaculairement sur les vêtements entassés à l'intérieur de leurs comptoirs. Après être allés derrière, chez Mma Woh, comme de gros boas fatigués, on les voyait endormis, se donnant en spectacle dans des positions avilissantes, malgré tout l'effort qu'ils fournissaient chaque jour pour rester dignes et respectables. L'image de personnes à l'avenir très incertain.

Un chrétien de la région de l'ouest qui se faisait appeler Aladji avait transformé son comptoir en tente pour s'assoupir et pour se soustraire des regards. Il avait relié à la machine à coudre des bâches les unes aux autres. Il posait sa tente chaque matin et la repliait chaque soir. Il ne loupait jamais la moindre occasion de se mettre en valeur. Muna a vu faire ça au marché Mokolo. Sur la droite immédiate de Aladji, se retrouvait un revendeur de médicaments pharmaceutiques, qui plus était l'un des plus anciens du marché. Celui-ci avait toutes les recettes pour interrompre les grossesses non désirées, pour soigner « *les M.S.T sauf le SIDA* », selon sa propre expression. Mais les maux de ventre, la grippe et toutes les maladies que l'on contracte facilement aux abords de l'Éwoué, dans ce quartier où l'hygiène et la salubrité ne sont pas monnaie courante, ne le décourageaient aucunement. Que n'était la joie de Docta d'être entouré de trois quartiers pleins de *Wolowoss* et de *Maboyah*, des femmes qui n'ont pour toute grosse activité que la sexuelle. Des quartiers auxquels des habitants draguent et séduisent tout le long de la journée, où des jeunes filles à peine sorties du berceau ont déjà des écoulements dus aux IST, où les ados de seize ans sont déjà à leur troisième cas de chaude-pisse et/ou de syphilis jamais déclarées à un vrai médecin. Mais seulement à Docta ! Mais il était difficile d'expliquer pourquoi le capital de Docta chaque jour s'amoindrissait malgré toute cette aubaine. Les boîtes dans lesquelles sont conservées ses gélules et ses multiples comprimés étaient presque toujours vides. C'est longtemps après que Muna apprendra que l'homme, la quarantaine dépassée, est depuis son jeune âge un véritable coureur de jupon. Il raconte sans sourciller à qui voudrait l'entendre, que si le SIDA existe, il l'a contracté depuis les années quatre-vingt, alors même qu'il passait encore tout le gros de son temps au quartier Nkanè de Douala, entre les cuisses des putes, à deux cents Francs CFA. Pour cela, déclarait-il toujours que, pour ne pas se déstabiliser psychiquement, il n'ira jamais faire le test du VIH-SIDA.

— J'imagine bien les résultats, mbom.

En face de Docta, sur la rangée de Muna, par l'entrée du marché, se trouvait monsieur Dieunedort, un autre ancien du marché. Il avait appris à Théo, encore apprenti chez lui, quelques ficelles du métier. Un homme trapu, avec le même vieux sous-vêtement troué qui ne le quitte presque jamais, qui se rendait ridicule lorsque la bedaine en avant, les mains énormes, il avale tout ce qui passe : plantains et prunes grillés, ignames jaunes de l'ouest, arachides cuites à l'eau, termites sautées à l'huile de palme et bien épicées, avec un couronnement étonnant d'une addition de deux plats chez Mma Woh à midi. Il avait quatre comptoirs à lui tout seul. Sur le premier, il installait les jupes et les corsages pour dames, sur le second les robes de jeunes filles, sur le troisième des pantalons de deuxième choix pour femmes et sur le quatrième des dessous féminins plutôt coquins. Il était l'un des gros déballeurs du marché. L'ancienneté compte. Et comme son voisin d'en face, il tirait sur tout ce qui bouge.

En prenant vers l'entrée du boulevard, on ne manquait pas de remarquer Faleu, le déballeur de sacs à main. Il déballait les samedis, entouré de femmes qui lui faisaient du charme afin d'obtenir des prix arrangés. Cependant, le charme seul ne suffisait plus à prendre dans ses griffes ce fils des Grass Fields. Il avait sa devise connue de toutes : « L'argent d'abord, la petite culotte en bas, après ». Il savait également les choisir dans le tas : grandes ou petites, majeures et même parfois mineures émancipées. Qu'elles soient bien foutues lui suffisait !

L'entrée du boulevard était le domaine réservé d'un faux albinos vendeur en détail. Il était le quincaillier du coin. À ses côtés, deux femmes : la musulmane qui ramenait du Maghreb de très jolis pagnes et des parures de femmes des Alhaji et la chrétienne, vendeuse de cabas aux motifs africains cousus sur place à l'aide d'une machine à coudre électrique. Une vielle *Singer*, comme l'ont eue toutes nos mères de la décennie quatre-vingt.

Le comptoir de Muna était situé entre Théo, le susceptible voisin de gauche et Isaak sur sa droite. Isaak avait un comptoir pour la fille pervertie et un autre pour celle qui désirait tout simplement être belle. À lui seul, il faisait entrer 30 % de la gent féminine dans le boulevard. D'Anthony qui lui louait le comptoir, Muna apprendra qu'à partir de la friperie, sa seule occupation depuis quatorze ans, dont cinq à terre comme lanceur et neuf au comptoir comme déballeur, ce fils de l'ouest s'est offert un petit lot quelque part, sur lequel il avait bâti un trois-pièces en semi dur, avec une petite dépendance mise en location pour arrondir les fins de mois. En face d'Isaak, s'était installé trois années avant l'arrivée de Muna, un certain Tayou que beaucoup soupçonnent d'être xénophobe. Il n'avait aucune gêne à toujours parler de tribu, à sortir les tares de toutes les autres, tout en valorisant la sienne, créant ainsi des tensions dans les esprits. C'est ce qui le mettait la plupart de temps en désaccord avec tout le monde, y compris avec les autres fils de l'ouest qui, dans leur train-train quotidien, préféraient parler de Nkap, d'argent, plutôt que de tribu, dans ce coin qu'ils ont maîtrisé en faisant bloc commun, mais qui au fond, et tous se rendaient bien compte de la perversité de la situation, se jouait de tout le monde d'une manière égale. Ce dernier déballait aussi pour jeune fille vicieuse. Après ce groupe venaient, tout au bout du boulevard, les femmes regroupées entrent elles, un peu aussi par *Kongossa*, des petits potins, qu'elles se disent en déballant de la layette et les vêtements pour enfants. Lorsque le regard repartait au-delà de ce groupe de revendeuses, il rencontrait deux merceries démocratiquement juxtaposées, auxquelles l'on a attribué de noms pompeux d'établissements : La couturière moderne et La maison de la couturière de Mvog-Ada. À côté, un petit café tenu par deux Nigériens. En face, un petit moulin perdant des pignons à chaque grincement. Tout l'espace qui restait était colonisé par de petits détaillants de fruits, légumes et des huiles de cuisine. Plus au fond, dans les hangars construits par la mairie, le vrai premier marché, avant les métastases de la friperie. Des boucheries et des poissonneries, à l'intérieur desquelles les congélateurs, ou ce qui en reste, réfrigérant de la volaille dépecée et vendue au kilogramme, s'arrêtaient de fonctionner à la moindre élévation de la température, ou disparaissaient à l'arrière des magasins dès la première alerte de la présence des agents de la commune.

En six mois, Muna avait humé toutes les odeurs et avait compris beaucoup de choses dans sa recherche de la brèche qui lui permettra de se faire accepter dans cette communauté hermétique aux apparences plutôt sympathiques. Une marmite dont on ne reçoit la vapeur brûlante au visage qu'une fois le couvercle soulevé. Jamais avant, il n'aurait pensé que les marchés de son pays étaient une sorte de juxtaposition de la société, voire celle des régions.

À côté de Mma Woh, vendait une dame, une des rares personnes à ne pas être de l'ouest dans le coin. Celle-ci un jour le conseilla de faire attention à ne plus répondre aux nombreuses attaques dirigées contre sa personne.

— Tout ceci, c'est pour t'inciter à abandonner.

De tous les fripiers, Anthony son bailleur était le seul qui essayait de le prendre sous son aisselle, de le conseiller des fois, de l'emmener à comprendre comment tournent les choses sur cette colline du cours d'eau Ewoué. Grâce aux conseils de ce fils du village Fomopea de Dschang, il comprendra la mentalité des uns et des autres. Bien qu'il soit aussi de l'ouest, Anthony était nettement sorti de leur chapelle idéologique. Cela faisait de lui quelqu'un d'intègre. Dès le premier jour, Muna avait vu en lui un grand frère qui conseille et enseigne. Déballeur de draps et de couvertures, il était à sa quinzième année dont sept passées à terre comme lanceur, et huit au comptoir. Il avait été introduit dans la friperie par son grand frère, aujourd'hui importateur de véhicules d'occasion d'Europe et du Proche-Orient, avec résidence à Riyad, la capitale saoudienne. Anthony était très pieux, il craignait Dieu jusque dans son langage. Il lisait tout le temps la Bible du Nouveau Monde à l'intérieur de son comptoir et sur ses couvertures. C'est lui qui, un après-midi, ayant remarqué sa difficulté à trouver de quoi manger, lui a dit :

— Tu sais, mon petit, tout ce que l'on mange avec conviction est sanctifié. Nous tous avions fait comme toi dans nos débuts. Mais avec le temps, cela te pèsera. Alors cesse de réfléchir. Va derrière et mange le non contrôlé. Tu ne mourras point pour avoir mangé du vrac.

C'est aussi lui qui, petit à petit, va l'introduire dans les discussions que font les sauveteurs pour tuer le temps. Il avait sa technique pour y parvenir. Il lui passait carrément la parole, ou lui posait une question sur le sujet en débat.

Un matin de samedi, journée reconnue pour de grands déballages dans le marché, alors que Muna servait un client dans son comptoir, une dame saluée par tous débarqua, avec deux ballots de robes pour enfants de moins de douze ans dans un pousse-pousse et alla s'installer sur les deux comptoirs libres en face du sien, entre Tayou et Aladji. Les revendeurs de tout bord et beaucoup de clients la saluaient chaleureusement. Elle était de taille plutôt moyenne, avec de naissants cheveux argentés sur la tête. Elle semblait dominer le maigre monde de revendeurs grâce à son capital. Elle allait au Bénin composer elle-même ses ballots durant un bon mois de fouilles et d'assemblage. C'est à domicile que se ravitaillent plusieurs femmes des trois quartiers : en dessous féminins, en tissus de plusieurs qualités, en pagnes africains comme savent en faire les femmes de l'Afrique de l'Ouest. Également en chaussures et en babouches dont la Chine avait commencé à inonder cette partie de l'Afrique, bien avant l'Afrique centrale. Elles y venaient aussi pour leurs petites filles et leurs bébés. Grosse pointure de la friperie, elle passait deux à trois mois après son retour à contenter celles qui frappent à sa porte. Une clientèle stabilisée avec le temps.

— Oh ! Mma Annette, tu es revenue… Comment s'est passé le voyage ? Bien ? Qu'est-ce que tu nous ramènes cette fois-ci ? Tu as mis long.

Ceci de cela, ainsi de suite, toute la journée et le lendemain encore. Toute la semaine d'après, il y eut toujours quelqu'un qui s'exclamait joyeusement devant le comptoir de la nouvelle venue. Muna apprendra par la suite que jeune fille encore, elle avait participé avec monsieur Dieunedort et quelques-uns, à l'installation de la friperie dans ce marché de vivres. Elle avait fait construire ses comptoirs elle-même, comme Antony ou monsieur Dieunedort, Docta et quelques autres anciens. Elle était de l'ethnie Bassa du Littoral. Avec le temps, elle aura de la sympathie pour Muna, comme en a eu Anthony. Elle va se mettre ouvertement à le défendre contre de petites manigances faites sur son dos.

Lorsque l'occasion se présenta un jour, elle parla crûment aux conspirateurs.

— Tout ce que vous faites dans ce marché n'est que du vent. C'est ce que beaucoup ont essayé sur moi dans mes débuts, sans succès. Lorsque vous revenez du village où vous aviez parlé avec les crânes, vous pensez que tout vous est permis à Yaoundé. La sorcellerie que vous faites en plein soleil dans ce marché se saura un jour. C'est le bon Dieu qui donne à chacun de quoi manger. Cependant, vous agissez comme si le commerce d'un autre ôte quelque chose au vôtre… Nous nous débrouillons tous sur cette colline. Pourquoi vous faites ça à cet enfant-là ? Nous nous connaissons. Yaoundé est ma ville. J'y suis née. Je suis une fille de Nkolndongo et de Nkol-Éton. Continuez et vous saurez que je suis dans ce marché avant vous.

Patati patata ! Bref, elle n'entendait pas voir se propager certains agissements caducs dans le marché de sa ville natale. Le plus souvent, elle ne nommait directement personne, mais ceux qui n'avaient pas leur conscience tranquille se reconnaissaient dans ses paroles. Chaque fois qu'elle levait ainsi le ton, personne ne disait mot, aucun sauveteur, aucune Bayam-sellam, le coin devenait plutôt calme.

Dans les moments de détente, alors que le monde des fripiers se souvenait des choses vécues dans le marché, elle affirmait toujours que la friperie ne rapporte plus rien, que les temps avaient changé.

— Il y a quelques années encore, il suffisait d'être seulement lanceur pour que deux à trois années après, tu t'offres un terrain. À présent, on joue au maintien, encore plus vous, les retardataires, les hier-hier que je vois mettre les bâtons dans les roues des autres nouveaux. Ah, ah, ah ! Avec le cœur-là, vous n'auriez pas pu construire ce marché, mes frères. Pourtant, vous en profitez bien tous là, hein. J'ai fait plusieurs fois la cellule pour vendre la fripe dans ce marché, mes petits. Il fallait avoir des pieds solides sur terre.

Lorsqu'elle parlait ainsi, Anthony et Isaak approuvaient, argumentant par de petites anecdotes qui faisaient baver les nouveaux tels que Muna. Elle leur parlait des lancements de deux mille cinq cents Francs CFA qui donnaient près de dix mille Francs CFA de bénéfice à l'époque. Des vêtements destinés à la poubelle qu'un surnommé Joe Ballard, qui traînait toujours par-là, réussissait à placer aux plus démunis, pour un gain de plus de deux mille Francs CFA.

— C'était le temps des eaux débordantes, concluait-elle nostalgiquement.

Trois semaines après l'arrivée de Mma Annette, entrait aussi triomphalement qu'elle un certain Haminou. Un jeune Camerounais issu de la région du Nord, très exactement de Poumpoumré à Garoua. Haminou, avait un teint noir bien ciré qui rendait encore plus éclatante la blancheur naturelle de ses dents poussant plus d'une personne à s'interroger sur le nom de sa pâte dentifrice. Haminou était un « sans fesses » et sans pectoraux développés. Il était aussi plat qu'une femme blanche mal assortie et fine comme un impubère. Ce qui frappaient en l'écoutant parler, était indubitablement l'absence de zozoté et de l'insistant « r » qui sont caractéristiques du parler des ressortissants de cette partie du pays, qui ont pour langue maternelle le Foulfoudé, l'haoussa ou l'une des autres langues du Grand-Nord du Cameroun. Il n'avait non plus le « é » français à la place du « e » muet qui semble ne pas faire partie de leurs voyelles naturelles. Le ton particulier de sa voix faisait tomber les filles. Tout le monde était au courant que Haminou n'a pas longtemps fait les bancs, pourtant, il s'exprime assez bien en français et superbement bien en Camfranglais. Il connaissait parfaitement Yaoundé, la ville aux sept collines qui la rendent apparemment imprenable et dont rêvent de voir plus d'un Africain. Il y a une décennie, il y avait atterri, armé de ses ambitions. Mais vraisemblablement, depuis qu'il s'est jeté du haut d'un train entrant en gare au petit matin, après une longue chevauchée nocturne sous le froid le long du transcamerounais, il s'y enlise. Depuis plus de trois ans, il est le très instable attaquant d'Anthony qui sait ne pas pouvoir le retenir lorsque le virus de sa race nomade décide de l'entraîner vers les coins et recoins de la ville, où lui et les siens, ambulants et sauveteurs de nature, parcourent des kilomètres chaque jour sous la pluie et sous le soleil, vendant sans scrupules aux passants, aux touristes et à tout le monde, des montres bracelets et des bijoux de pacotille, des lunettes de soleil et des porte-clés, en se servant de leurs doigts et de leurs bras comme cintres et mannequins à la fois, espérant comme à chaque fois, qu'avant que ne disparaisse le soleil et que le centre-ville ne se vide de ses touristes, le *Mougou*, le *Mboutoucou*, le *Gaou*, comme s'appelle la proie facile et naïve, un *Kengué*, son mot préféré, « tomberait » en s'achetant de la pacotille au prix d'or. « *À la guerre comme à la guerre* », aimait-il se justifier. On ne le revoyait au marché que lorsqu'il était fatigué des marches et autres entourloupes sous le soleil, que lorsqu'il avait fait une bêtise au centre-ville ou ailleurs, dans certains villages. Il retournait alors reprendre sa place jamais occupée auprès d'Anthony qui lui confiait à nouveau sa marchandise sans poser trop de questions. Paresseux, mais loyal en amitié, le jeune homme n'était honnête que dans le marché de Mvog-Ada, son sanctuaire.

Haminou était donc revenu avec ses dreadlocks qui lui donnent les airs de saltimbanque, avec ses expressions grossiers sonnant bizarrement et dont lui seul savait leurs origines, la plupart empruntées des différents dialectes du pays. Il était là avec ses chansons parodiées qui faisaient rire tout le monde aux éclats et mettaient les demoiselles en admiration. Haminou avait ses habitudes. Il aimait le *Jambo* ou les jeux de hasard et de mises, le pari des courses de chevaux avec un chiffre toujours manquant pour la gagne, la carte rouge perd. Il boudait le jeu de dames où personne ne pariait souvent. Il était mordu de la carte, comme il fut des machines à sou à une époque. Il savait quand, comment, pourquoi, voire pour qui et avec qui y miser. Dans la carte, il trichait, truquait, faisait gagner qui faisait son intérêt. Il savait jouer avec six, sept, voire avec huit cartes dans le *Take five* qui ne se joue pourtant qu'avec cinq. Il adorait ce jeu et l'appelait le *Tchaka*. Le plus souvent, il a joué avec des cartes marquées. Même comme Muna ne jouait pas à la carte, il aimait voir jouer Haminou qui gueulait dans son argot très admiré. Muna était fasciné par la façon dont celui-ci faisait claquer les cartes avant de les jeter sur le plancher ; il disait les faire gueuler comme lui, heureux de finir par un *Korat*. « *Korater* », c'est gagner par la plus petite marque des cartes d'une partie. Un tel exploit coûtait aux autres une double mise au cours du même jeu. Faire gueuler les cartes, les faire parler clap, clap, clap, fut la seule chose que Muna demandera à apprendre de Haminou.

Le samedi, réputé jour de grands déballages, est aussi de loin le plus gai de toute la semaine. Son ambiance avoisine celle des jours de fête. Le déballeur ayant lancé le vendredi soir, revenait le matin de samedi avec un nouveau ballot, et le petit monde se donnera comme à chaque fois rendez-vous autour de sa marchandise. Dans chaque comptoir, c'était presque le même spectacle qui impulsait un sursaut de vie au marché à puces qui semble chaque jour rendre l'âme.

Le premier samedi après la paie du mois était encore le plus gai. Ils entraient dès huit heures du matin. Non plus de cette démarche lourde de démunis, mais de celle plutôt alerte de véritables proies. Les jeunes venaient chercher un vêtement pour le soir même d'un rendez-vous galant de fin ou de début de mois. C'était selon ! Avec un nouveau ballot, Muna participait aussi à la joie qu'offraient les samedis. Il avait un comptoir bien achalandé. Il pensait même à présent que le prochain devrait être celui des polos à courtes manches. Le marché s'animait très tôt les samedis. Tayou venait avec un baffle et diffusait des sonorités nouvellement sorties. Partout chez les déballeurs, à intervalles de temps irréguliers, les fers d'attache des ballots coupés au moyen des ciseaux de jardinage faisaient entendre leur son. « Couper » était « déballer » dans le langage des fripiers. Aussi entendait-on régulièrement dans leur conversation qu'un tel a coupé hier ou coupera plutôt le samedi.

Du côté des femmes qui déballent la layette et des vêtements pour enfants de moins de cinq ans, l'attaque était de taille. Déjà par leurs voix aiguës, elles rameutaient toutes celles fourmillant tout autour d'elles : jeunes filles, futures mamans, grandes mémés et quelques hommes attentionnés qui achètent pour leurs gosses et pour leur épouse.

— Oui, venez me tromper, madame. Fouillez pour vous. Cherchez, fouillez, bêchez ! Le secret, c'est de bien fouiller. Le secret, c'est de posséder la qualité… Il y en a pour tous les prix…

Et plus loin, l'on entendait une autre criailler plus fort.

— Ici, il y a pour tous les ans : zéro nan, deux nan, trois nan, quatre nan, cinq nan… Rappelez-vous la honte : quand mon enfant est sale… c'est l'enfant du voisin.

À la vue de l'argent, les sauveteurs étaient plus que les fourmis dans une fourmilière. En quelques heures, le vacarme gagnait tous les comptoirs. L'argot de la friperie appelle cela « chauffer » le déballage. Toupp ! Toupp ! Un autre ballot perdait ses fers d'attache. Mma Annette coupait. Les ballots étaient de toutes sortes, identifiables par les inscriptions portées sur leurs bâches. Muna avait fini par se familiariser avec le temps à toutes ces inscriptions qui renseignent sur leur provenance, le genre et leur choix. Les ballots de seconde main avaient l'inscription « *second hand clothes* ». Ils étaient les plus déballés parce que les plus adaptés à la situation financière de la majorité de Camerounais. Le ballot de polos S/S, ou *Short Sleeves*, avait des t-shirts et des polos à courtes manches pour hommes de quinze ans et plus. Le B polos ou *Boys polos*, avait des polos pour enfants de moins de quinze ans. Les chemises à longues manches avaient l'inscription LSMS ou *Long Sleeve Men Shirts*. Il y avait des jupes reconnaissables par l'inscription « Skirts », des chaussettes « Socks », des chaussures « Shoes » et beaucoup d'autres reconnaissables par les inscriptions portées dessus. Tels ceux de draps, de chapeaux, de jouets ou de blousons qui jamais ne sont des moindres. Sa connaissance de l'anglais l'avait beaucoup aidé. Comme en informatique, la quasi-totalité des inscriptions était en anglais, la langue du Trade, donc du commerce. Deux bâches recouvraient les ballots. Les bâches étaient de toutes les couleurs. Une par bâche : bleue, verte, jaune et même bordeaux ou blanche. Beaucoup transitent ou proviennent de la Belgique. De la France très peu. Les Canadiens envoient sous les tropiques des chemises d'hiver carrelées, style texan et des cintrées. Les USA sont plutôt exportateurs des chaussures ou Shoes, des ceintures ou Belts, et des pantalons sans pinces aux tailles dont ne se reconnaissaient pas trop les Africains encore loin de faire de l'obésité une préoccupation majeure. Les Espagnols quant à eux, semblaient faire venir les leurs sous le couvert de la Suisse et de la Belgique.

Célestin et le cogneur faisaient la pluie et le beau temps du boulevard secondaire. Sur le principal, Isaak et Tayou immobilisaient sur place la majorité de femmes. Théo confiait son ballot à son trieur maison, Aladji, le seul trieur dans le couloir des déballeurs, autour de qui, depuis la pose du ballot sur le comptoir, se sont agglutinés les gars de seconde main. Selon la règle de tous les déballages, personne n'a le droit de poser la main sur ledit ballot tant que le trieur du jour n'aurait fini de faire ses choix. Lors du tri, ce dernier prendra soin de mettre ses choix d'un côté et de l'autre les rejetés. Ce tas de rejetés se fera encore tripatouiller par les vendeurs de seconde main. Après avoir « assassiné » le ballot, le trieur se retirera dans un coin dégagé du comptoir pour un choix plus sélectif. Il mettra alors d'un côté les cœurs, les diamants, le premier choix et de l'autre, son deuxième choix. La marge d'erreur sera considérablement réduite après l'exercice consistant à détecter aisément les couleurs moins vives, des trous et des tissus rafistolés ou brûlés à la cigarette. Des taches indélébiles d'une peinture à huile, celle de la rouille et des teintures ayant coulé, des pièces rejetables pour absence de bouton, des coupes dépassées et bien d'autres imperfections encore. « *Le tremblement est permis* », comme ils aiment dire pour qualifier l'indécision devant une pièce. Le déballeur, propriétaire du ballot, n'intervient qu'une fois fini le classement, afin de trouver un terrain d'entente sur ce classement. Il faut toujours vérifier, puisque le trieur malin ferait bien passer un premier choix pour un deuxième en trompant la vigilance du déballeur. Une fois le compte est bon, le trieur repartira suivi d'une dizaine de trieurs secondaires qui lui rachèteront quelques diamants au plus offrant. Resté avec les clients ordinaires, le déballeur reprendra son travail de chaque jour de déballage. Installer en choisissant du présentable dans le tas des nouveaux pièges que les trieurs traitent ironiquement de *Kalashi*, de bouillie, pour dire que seuls les passants et non plus les connaisseurs comme eux en seront des proies. Ce reste de vêtements donne un travail fou au déballeur qui devra les cintrer. Plus d'une centaine de pièces de toutes sortes dont l'écoulement, après ce grand jour, ne sera plus marchandise facile. Pour la réussite d'une vente juteuse avant le jour du lancement, il serait tout simplement mort de chicotte.

Le samedi était également un jour de grands enseignements pour Muna. Dans tout ce vacarme, il observait et s'habituait aux pratiques. Il apprenait surtout à maîtriser la logique du triage, la troublante classification des pièces, le truc et le style caractéristique qui fait reconnaître un diamant. Ce qui fait qu'une pièce soit plutôt classée au deuxième qu'au premier. Où est le piège, quelle en est la logique ? Il voulait connaître non seulement les principes qui guident les trieurs dans leur choix, mais aussi connaître les prix. Ces derniers ne se chantaient pas sur les toits. Comme tout était caché, il fallait avoir l'esprit alerte pour réussir à grignoter les informations dans les conversations. Lorsque l'occasion se présentait, il comprenait alors que dès le premier jour, il s'était fait avoir. Pas à Douala seulement, mais ici aussi, par certains clients rusés qui lui ont acheté des chemises de grande valeur au prix du pain.

Ça n'avait pas été facile pour lui jusqu'à présent. À ses débuts, il ne savait rien de la friperie. Il avait même tout à apprendre du petit commerce. Il fut là parce que n'ayant rien trouvé d'autre à faire en attendant le lancement d'un concours administratif ou un recrutement quelque part. Et dans ces cas-là très souvent, il est difficile de dire la coupe prisée des clients. Parfois, une appellation non maîtrisée faisait foirer toute la vente. Tout ce qu'il avait trouvé dans ses débuts comme parade a été de laisser entrer les clients et d'apprendre à partir d'eux, de noter soigneusement les remarques faites. Il s'était récupéré en apprenant également à jouer avec leur psychologie, avec leur calme ou avec leur étonnement, avec leur admiration qui souvent a laissé briller leurs yeux pris au piège. Il joua aussi avec les noms de couturiers très connus quoique dans le domaine de la friperie, certains de ces noms sont en fait inutiles sur le terrain. Depuis qu'il a commencé à donner son opinion lors de certains débats, il se sentait étudié. Ils avaient sûrement lu un esprit analytique en lui. Ils se posaient des questions sur ses capacités dans le commerce. Il savait que le souci premier des concurrents est qu'il restât dans l'ignorance, qu'il fasse très rapidement une banqueroute qui lui fera rentrer d'où il vient. Muna mémorisait tout. Chaque jour, il rectifiait aussi bien la manière d'installer dans son comptoir que sa méthode de vente. Au fil des mois, cela commença à sentir du métier. Il avait rectifié les positions qui lui firent jadis cacher tout le bon. Il jouait maintenant avec l'espace intérieur de son comptoir et même avec les formes et les couleurs multiples des chemises. Il commençait à savoir jouer avec les différences et à composer des patchworks pour la gagne, avec la vaste famille du bleu, celle du rouge, celle du vert, du noir, celle du blanc et toutes les autres dont il ne peut dire le nom exact qui, bien mis les unes à côté d'autres, rendent présentement le comptoir gai et beau comme le jardin de Muyuka un jour d'été. Il y avait des secrets dans la présentation des chemises rayées à côté des carrelées ou des chemises fleuries. Il savait à présent faire la différence entre le col français, italien ou américain. Tout devenait une option. Chemises à longues manches en temps de pluies doivent être en avant, celles à courtes manches doivent prendre le relais en saison sèche. Il y en a qui devraient coûter un peu plus que d'autres, comme celles à manchettes. Les tissus n'étaient non plus les mêmes. Il y avait tous ceux dont il ne sut quoi en faire au départ. Du coton au polyester, en passant par la soie, la laine, la viscose, le lin et des synthétiques qui ne disent rien à un Africain sous les tropiques. C'est après plusieurs mois d'un espionnage très didactique que Muna a su sur quel pied danser. Tout ceci, il ne le savait pas au départ. À présent, il avait compris que toutes spécificités sont exploitables dans le milieu. De belles carrelées s'achètent vite et mieux que des couleurs uniques. Selon que la mode s'est installée, on rechercherait les cols américains et ses liquettes creuses. Une chemise bien coupée valait mieux que deux mal assorties de chez un grand couturier et plus que plusieurs autres tout simplement passées de mode. Tout le long de la recherche de la nécessaire expérience qui lui fera justement diminuer les mauvaises ventes, il sera obligé d'apprendre ainsi, dans le tas.

Muna fit parler de lui le jour où il ramena son premier ballot de t-shirts, alors même que quelques chemises s'exhibaient encore au comptoir. Le boulevard fut en effervescence. Cela rappelait le jour où Faleu, qui ne coupait pas les chemises, en ramena dans le seul but de le contrer dans le coin. Tout « ami » était venu l'encourager.

— Oh ! Faleu, le seul qui nous reste pour sauver l'honneur.

Mais de l'honneur de qui et de quoi parlait-on ? Muna s'était posé la question. Seulement des mois après, alors que Faleu se battait seul pour remonter la pente parce qu'il avait changé de marchandise sans préparation, tout le monde comprendra qu'il avait vu ses règles dans la petite bataille du quotidien des fripiers. Il avait compris à ses dépens que le commerce exercé sans aucun sens de logique était celui qui « renvoyait » facilement au village. Jamais plus, il ne reviendra vers la vente de chemises.

Après l'effervescence causée par ce premier ballot de t-shirts, le climat fut tendu, raide comme une corde qui donne le son de La, mais en faux, entre Théo et lui. Tout le monde pressentait ce qui allait arriver : Muna avait osé ramener les t-shirts ! La spécialité de Théo, son voisin intolérant. Le feu allait arriver aux poudres dans ce ménage à deux, comme certains avaient commencé à ironiser depuis que Muna forçait la sympathie de plusieurs. Et l'étincelle vint ! Théo, porte-parole des intolérants, étala une fois de plus sa nature lorsque, opportuniste comme un renard des surfaces, Muna avait invité un client à entrer dans son comptoir.

— *Asso*, il y a depuis ce matin des t-shirts et des polos ici, aux côtés des chemises.

— Oui, parce que moi, je vends des jupes, alors !

Gonflé à bloc, Théo avait rappliqué à la grande surprise du client qui préféra s'éclipser discrètement. Les yeux hors des orbites, les lèvres tremblotantes, Théo se mit à déverser tout le venin vers sa mangouste préférée qui l'ignorait pourtant par un silence méprisant. L'homme aigri s'acharna longtemps sur le voisin, toute maîtrise évaporée, une rage inextricable lui faisant tout cracher tout de go.

— Tu n'as encore rien vu, c'est quoi ça ! Un hier-hier qui veut déjà faire un bras de fer contre les anciens ? Sache donc que tu ne tiendras pas longtemps. Moi, je te ferai partir de ce marché et plus vite que tu ne le penses. Je suis i-né-bran-la-ble !

Patati patata ! Seulement, Muna lui avouera son souhait de justement lui abandonner un jour tout le marché afin de faire rapidement une autre vie. Mais toute honte bue, Théo s'échauffait à en ne plus finir. Et encore plus le jour où Muna alla s'installer sur les comptoirs de Mma Annette qui était repartie dans ses voyages. Certains de ses proches disaient qu'elle avait préféré à la friperie, investir son capital dans une cabine téléphonique et dans un salon de coiffure.

Les matins maintenant, Muna trouvait que Théo qui d'habitude venait après lui, avait très tôt installé quelques-uns de ses t-shirts sur les comptoirs de Mma Annette, prêt pour la bagarre, pour prétexte, avoir autant que tout le monde droit à ce comptoir que personne ne loue. Ce qui était en partie vraie. Seulement, la terre appartient aux premiers occupants, dit-on le plus souvent. En Afrique, on lui reprochera de n'avoir pas pensé le premier à récupérer ces comptoirs vides. Muna sera même surpris lorsque lors d'une rencontre fortuite, Mma Annette lui avouera les démarches secrètes entreprises par Théo auprès d'elle pour la location desdits comptoirs. Elle disait avoir refusé cette affaire. Elle lui fera même la promesse de ne pas les lui louer. Surtout pas à ce mec qui ne lui plaisait pas du tout. Elle atterrira même un jour au marché afin de mettre les choses au clair lorsque tout était devenu invivable entre les deux fripiers. Elle viendra remettre officiellement ses comptoirs sous la responsabilité de Muna. Après sa visite, le voisin belliqueux fut malgré lui obligé d'accepter la présence du fin concurrent à sa droite et en face.

Malheureusement pour Théo, les jeunes avaient fini par adopter le style des articles de Muna. Ils se reconnaissaient dans le choix de ses polos et chemises qu'il leur présentait dans son langage de fin limier. Ceci l'emmènera plus tard à se passer des chemises qui traînent, contrairement aux t-shirts qui se vendent chaque jour. Ses recettes s'étaient améliorées. Il avait sa clientèle, ses *asso*, formés de jeunes qui se sont tournés vers lui, peut-être aussi à cause de la politique de ses prix. Beaucoup d'entre eux traversaient à présent le boulevard en prenant le temps de regarder à gauche et à droite, de comparer les beautés et les qualités avant de faire un choix. Et ceci était déjà une grande victoire.

3

Dans ce marché calme où ne se bouscule vraiment le monde que pendant les samedis des fins et des débuts des mois, les fêtes de fin d'années créent l'événement. Elles brisent la monotonie dans laquelle sont plongés et le vendeur harassé de voir les mêmes figures entrer et ressortir tous les jours, curieux de savoir où elles mettent toutes les fringues qu'elles s'achètent. Et le client qui à son tour, se sent vieux jeu à force de ne pouvoir faire de choix qu'entre les mêmes articles, tant qu'il ne se tourne pas vers un marché plus grand. Les jours de fêtes forcent le changement. Dans la semaine des fêtes de fin d'année, chaque bon fripier sait comment faire pour ne pas être en rupture de stock, pour avoir à gogo des articles de bonne facture pour les fêtards. Le changement d'aspect du marché lui-même l'exige. Chaque comptoir était balayé de fond en comble. Pas de mauvaise poisse ! De vieilles bâches sont remplacées par de neuves. Entre deux comptoirs parallèles naissent des toits de bâches de toutes les couleurs qui tamisent la lumière du soleil et rendent le boulevard fluorescent. Tout le monde est *en haut*, aux anges. Des chaînes stéréo gueulent dans tous les coins pour le bien de tous.

On installe plus tôt que d'habitude, très tôt même, avant sept heures du matin, dès le 22 décembre. Tout fripier expérimenté sait très bien que le jus ne coulera pas tout le long des jours festifs. D'ailleurs, les seuls vrais jours juteux sont le 24 et le 31 décembre. Pour cela, tandis que les robinets seront encore au vert, chacun essayerait autant que faire se peut de boire au goulot. « Boire l'eau », l'expression favorite des sauveteurs pour parler des bénéfices engrangés lors d'une vente. La fièvre des fêtes s'abattit sur Muna sans crier gare. Chaque jour, on déballait à gauche et marchandait à droite. Nous sommes à son premier décembre comme fripier. À cause de son inexpérience, il avait dû se lancer sur Douala dans une course contre-la-montre qui le sortit de ses habitudes en le plongeant dans des embouteillages et dans les dédales submergés du marché central de New-Bell. Or, à l'approche des fêtes, il n'est plus du tout facile de se frayer un chemin. Il avait dû batailler dur pour saisir sa chance dans un des bus bondés de monde et souffrir d'une dizaine de contrôles de la police routière. Ce fut nécessaire en ce 23 décembre, même si un peu fou et risqué. Mais il avait eu la joie de revoir son petit frère, quelques cousins, des amis d'enfance et son père qui est resté très sceptique quant à sa réussite dans sa nouvelle activité, malgré ses explications.

Pendant la période des fêtes, les vêtements se vendent comme de petits pains. Chacun, même le mauvais des vendeurs se lèche les babines. Dans la dernière semaine du mois de décembre, tout se vend et tous achètent. Même ceux qui ne s'habillent plus. Ceux qui ont été tout le long de l'année des mal-habillées iront au moins assister à la messe de minuit comme tout le monde. Et qui sait ? À un baptême avec collation à la fin. Durant cette période des fêtes de fin d'année, il semblera même à Muna avoir fait en une semaine, des entrées équivalentes à celles de trois mois. Jamais auparavant, il n'avait été en possession d'autant d'argent issu de la friperie. Ce fut vraiment la période des eaux débordantes. Mais comme dit la chanson, « *les beaux jours sont rares* ». Et courts, fallait-il ajouter. Une fois passées, les fêtes, le dehors redevient *Ndjindja*, caillou, dur. Pour parler comme Césaire, le pauvre, surtout lui, ayant dépensé pour avoir vu le nouvel an, pour du luxe inutile, pour faire comme les autres, tirait le diable par la queue. En les revoyant entrer au marché après les fêtes, on jurerait qu'ils n'ont jamais touché à un billet de banque. Tous ou presque sont devenus aveugles en traversant les comptoirs. Les plus polis jetaient un bonjour fatigué en demandant le jour du prochain déballage. Des proies difficiles.

Janvier est un mois dur pour tout commerçant, voire pour tout citoyen qui devra souffrir des trous faits tout le long des jours de fête. L'école reprenait ses droits, les parents repensaient à leurs responsabilités, le va-et-vient de la jeunesse cessait d'animer les marchés pour que la monotonie reprenne son cours. Février venait aussi sec, vicieux et mort qu'il est court. Beaucoup plus dur à supporter, si toutes les petites économies ont été rattrapées et avalées en janvier. Tout le monde revivait sur calculs. Le fripier se contentait bien de n'ôter que le « sans-dame ». Les prix baissaient quasiment suppliants. Le plus véreux qui ne supportait pas le zapping de ses *asso* essayerait d'attraper les proies par des méthodes peu conventionnelles. Mais ces *assos* lui riaient au nez sans se cacher après la baisse de ses prix ultérieurement flambés.

— Mais *Asso*, quels sont ces prix de cinq-cinq cent-là ? Tu ne vends plus cher ? *Ass*, tu es tombé ?

C'est bien à ce moment-là que le revendeur du marché Nkol-Éwoué de Mvog-Ada semble être le plus malheureux de tous dans la ville. Il passe les deux premiers mois de l'année à commenter des inepties, à discuter sur des sujets sans objet précis et à se donner ensuite en spectacle sur son comptoir. On l'y verra couché et parfois profondément endormi, cramponné à une impossible meilleure vie à venir, dans laquelle la période de disette appelée le *foirage* au Cameroun, en Pidgin le *nguémé*, la poche vide, le rendra plus nerveux et susceptible plus que jamais. Il est toujours au bord d'une crise de nerfs, dingue de la carte et du jeu de dames que jouent certains une fois avoir installé à neuf heures jusqu'à la fermeture du marché autour de dix-huit heures. Il devenait tout simplement un homme malheureux qui ne vit qu'aux dépens de ses économies, qui a mal à force de casser sa tirelire pour grignoter ses espoirs à la fin, en revoyant lucidement ses ambitions à la baisse.

En mars, Muna prenait conscience pour la première fois de la dangerosité du secteur informel. Il commença à comprendre que l'on ne peut faire sa vie en ne comptant que sur la friperie. Jamais plus, il n'y sera rassuré après avoir compris s'user au soleil et sur la poussière sans aucune assurance maladie, de perdre le temps et les instants magnifiques de sa jeunesse sans couverture sociale. Il raisonnait : combien de cinq Francs lui faudra-t-il mettre de côté pour s'acheter un terrain et encore combien pour qu'il y bâtisse ? Parviendrait-il seulement à s'acheter une bagnole, à devenir taximan afin d'aller plus vite ? Les premiers ayant fouillé et bêché y ont trouvé quelques trésors. Sincèrement, que leur en reste-t-il ? Si seulement il y avait une issue dans toute cette galère qui les prend dans son tourbillon et les balance dans l'œil du cyclone ! Il lui arriva d'en parler lors des discussions quotidiennes, mais les autres lurent plutôt en lui le découragement d'une personne n'ayant pas leur logique. Ils lui répondaient de ne pas les abuser avec son long crayon, son « *over school* » de connaisseur. Pour eux, il était cet analyste perdu loin des bouquins, dans une université qui n'était en rien son cadre naturel. Sans toutefois en démordre, il deviendra pourtant chaque jour convaincu que Mma Annette avait eu raison de partir. Anthony également avait quitté le marché et Haminou était reparti courir les rues de la capitale à la recherche du *Mboutoucou* autour des agences de voyage, dès qu'on avait fait janvier.

À l'intérieur du monde des sauveteurs, il venait de se rendre compte de l'erreur grossière que font ceux qui pensent que le fripier, parce qu'il vend de beaux vêtements, touche gros. Vu le nombre de pièces de son ballot. À présent, il savait que ceci n'est pas vrai, que les pièces d'un ballot ne se vendent pas tous, que beaucoup de fripiers, sinon tous, s'endettent pour se relancer. Très souvent, le fripier lui-même peut-être endormi par la possibilité certaine de pouvoir mettre de beaux vêtements issus de son ballot, des chaussures de grandes marques achetées en trois tranches auprès d'un collègue. Seulement, il revendra tout ceci une fois forcé à la diète. Lorsque onze devant onze, il revivra l'instant sans avenir.

Aladji, le meilleur trieur de tout le marché est le type même de fripier surendetté qui vendait à chaque fois tout chez lui pour se relancer. Une fois en panne, il vendait tout aussi bien ce qu'il met sur lui que ses appareils électroménagers achetés après de longues années d'effort. En bon doyen, il était pourtant le premier à conseiller à un collègue qui prenait ce chemin, qu'il est plus facile de vendre que d'acheter, de gaspiller les sous que de les travailler. Il est le trieur au comptoir le plus achalandé. Il est toujours vêtu de chemises de grandes marques, de polos bien coupés. Mais, il loue depuis plus de dix ans une petite chambre de quatre mètres carrés avec une plaque à gaz sans détendeur ; il dort sur un lit dont les coffres ont longtemps déjà été placés. Sa belle penderie était vide une semaine sur deux parce qu'il ne mettait que les vêtements pris fraîchement d'un déballage. Il empruntait toujours de l'argent pour son triage.

Au mois d'avril, étant allé de pertes en pertes, il va refuser la marchandise aux lanceurs devenus plus que vicieux. Il entreprendra donc d'aller lui-même jouer au lanceur au marché du Mfoundi après seize heures. Mais au mois de mai, fatigué de se dépenser autant pour un ballot avec un capital qui chaque jour diminue sans qu'il sache comment arrêter la saignée, il décida de se lancer dans le triage. Convaincu de pouvoir faire un tri mature, il se décida de faire un tour du côté du marché Nkolonlung, situé à l'autre côté du marché central de Douala. La demande en pantalons jeans était grandissante. Il en ramena donc quelques-uns pour marier à ses polos. Hélas ! Entre la demande de circonstance et l'achat réel dans cette activité aux ventes aléatoires, existent des kilomètres de vecteurs qu'il n'avait pas pris en compte. Il avait fait cent cinquante-cinq mille Francs CFA d'achats sans penser un seul instant que l'argent ne lui reviendra qu'en gouttes qu'il devra rassembler pour revoir en entier le prix d'achat. Ceci avant d'espérer un bénéfice. Pire, petit à petit la saison des pluies se pointait au rendez-vous des journées.

La première erreur de l'apprenti trieur. On achète en gros, mais on revendra en détail. Et pour le cas de ses pantalons, cela prendra des semaines. Un pantalon acheté aujourd'hui, un autre après quatre jours et ainsi de suite. Certains clients finiront par lui proposer des prix en deçà de trois mille cinq cents Francs CFA, son prix unitaire à l'achat. À la fin, il avait beaucoup perdu. Tout se mit rapidement à signaler la catastrophe au plus mal d'un mois difficile à gérer. Lancé au triage pour limiter les dégâts, voilà qu'il s'enfonçait plutôt dans du sable mouvant. S'il avait eu un peu plus d'expérience, il aurait pu amortir la chute libre en triant un autre genre d'articles avec le peu de sou qui lui restait. Car, cela devenait plutôt mission impossible avec un seul type de marchandises. Les t-shirts de son comptoir étaient insignifiants. La peur de l'échec le tétanisait au fur et à mesure que le soleil, la poussière et la pluie jouaient négativement sur ses articles. Son cerveau chaque jour se mit à rechercher une solution qui le sortirait de l'impasse, n'importe quoi qui lui redonnerait du capital et de l'espoir en plus. Il savait ne pouvoir se tourner vers personne pour le renflouement de ses caisses. Sa grande sœur en le sortant, par un ballot, de l'hiver de Bawedi, s'en était débarrassée. Elle le lui a fait savoir de plusieurs manières. D'ailleurs, le climat devenait de plus en plus infeste entre lui et la famille. Tout avisait qu'il lui faut prendre le large, qu'il était temps qu'il s'assume lui-même, qu'il aille louer une chambre quelque part pour ne plus gêner personne. Il réfléchissait nuit et jour jusqu'à la migraine. Il n'avait plus de capital, mais seulement une petite bourse pour la survie. Le secours était difficile à trouver. Chez sa sœur, le beau-frère tendait toutes les cordes de ses nerfs avec des mots qui ne sont pas faciles à digérer. De plus en plus, il se détachait de tout le monde pour une coque dans laquelle, incompris, il sera seul à se comprendre.

Paradoxalement, le seul endroit où il se sentait bien était le marché. Le soir, en reprenant la route de Mimboman, il était mal dans sa peau. Il s'était même mis à ne plus y avoir son plat depuis que son beau-frère faisait du bla-bla sur la part des charges dont il ne pouvait plus supporter. Il voulait bien continuer, mais il ne pouvait plus. Il était dos au mur. Lorsqu'il disait à sa sœur être à terre, *foiré*, elle prenait cela pour de la radinerie. Elle disait qu'elle était sûre qu'il mettait son argent quelque part ailleurs et n'était tout simplement pas reconnaissant. Ces paroles lui faisaient mal, d'autant plus qu'il ne se savait pas malhonnête, égoïste et de mauvaise foi. Avec ceux-ci, il entra dans une partie de nerfs à vif. La guerre froide. Maintenant, il s'asseyait seul dans un coin pour réfléchir et digérer le pénible poids de sa vie. Or, lorsque sa sœur le trouvait ainsi retiré, elle déversait tout son venin sur lui.

— Je n'ai jamais vu de garçon aussi méchant que cette vipère de Muna. Comment quelqu'un peut-il rester tout seul dans un coin de la cour, le front froissé, plissé, tel celui d'un vieillard… Tu vois bien qu'au fond de ton cœur, il n'y a que haine et du mépris… Comme tu es trop noir-là, autant ton cœur l'est aussi…

Après qu'elle est partie, il levait les yeux suppliant vers le ciel : « *mon Dieu, vient à mon secours* ». Ce que sa sœur refusait de voir, c'est qu'à 24 ans, avec des problèmes dépassant ses forces, l'homme avait plutôt besoin d'une épaule sur laquelle s'appuyer. Son front n'était pas plissé parce qu'il soit habité d'une haine quelconque. Il était soucieux et avait trouvé en son intérieur un refuge, un coin tranquille et approprié pour essayer de comprendre ce qui lui arrive, de comprendre pourquoi une autre attente se soldait par un échec. Muna devenait malheureux, mais alors, il faisait pitié. Il aurait attendri l'âme la plus indifférente qui aurait connu sa peine. À vingt-quatre ans, il n'a toujours pas de vie respectable, pas d'emploi garanti, pas de situation sociale claire, pas de matricule à la caisse de prévoyance sociale. Il avait un avenir hypothéqué, un job qui suscite des incertitudes, une vie précaire. Il était de plus en plus déstabilisé par le domicile de sa grande sœur devenu une prison dans laquelle tout lui est donné par que faire. Les consignes y sont que, tant qu'il sera sous leur toit, pas de copine à la maison, pas de rentrée tardive après vingt heures. Et si cela arrivait, de rester dehors, de rentrer d'où il vient. Lorsqu'une telle chose arrivait, le soir même, il en avait pour tout le venin, le jour suivant et toute la semaine, des mots crus qui lui feront mal.

Jour après jour, avec le sentiment d'être avili quelque part, il commença à haïr sa propre existence. De douloureux souvenirs de lui, trimballé d'un foyer à un autre, commencèrent à ressurgir dans sa conscience. Il était un endetté de la société, un homme qui devra à tout prix renvoyer l'échelle à ceux qui aujourd'hui pensent avoir un droit de regard sur ses sentiments et sur sa vie. Parce qu'ayant fait pour lui des choses qu'il ne put faire par lui-même à la mort de sa maman, alors qu'il n'avait que onze ans. Il est celui que l'on voudrait soumettre et faire admettre l'injuste principe qui sévit dans certaines familles, et qui dit que celui qui n'a rien n'est rien. Mais un être peut-il endurer tout cela sans en être marqué, sans en être traumatisé ? Peut-on vivre sans des soucis lorsqu'un pénible passé vous hante, lorsqu'une enfance malheureuse vous poursuit et vient vous accabler dans un présent où vous essayez, tant bien que mal, à bâtir un avenir qui prenne par un autre chemin que celui du passé ? Au moment où personne ne tend plus l'oreille au drame d'un individu, il est clair de comprendre qu'il ne serait jamais bon d'être matériellement moins intéressant pour certains, au risque d'être abandonné. Il pensait partir, se retrouver ailleurs. Plus jeune, il avait quitté le pays en compagnie d'un autre garçon dont il avait fait la connaissance au port de Douala. Tous deux s'étaient cachés dans la cale d'un bateau avec vingt jours de nourriture et de boisson et quelques dollars en poche. Malheureusement moins d'une semaine après le départ, les matelots avaient pu les déloger entre deux billes de bois en partance pour malaga, en Espagne. Ils n'avaient pas été seuls dans l'aventure. Un autre groupe mal préparé était sorti de sa cachette pour les cabines et les cuisines, à la recherche de l'eau et d'un peu de nourriture. Tout le monde avait été reconduit sur Douala. Une autre fois, c'est son argent qui avait été dérobé dans sa chambre d'Hôtel à Ibadan au Nigeria. Chaque jour, l'instinct qui l'avait autrefois poussé à se lever et à se barrer le regagnait. Mais sans argent, il était désarmé. Il s'était juré ne plus jamais tenter le coup par un coup de tête.

Des semaines s'écoulaient et rien ne s'améliorait. Ni au marché, ni à Mimboman chez sa grande sœur. Muna au fil des journées stressantes deviendra de plus en plus introverti. Non seulement qu'il se mit à garder ses sentiments pour lui tout seul, mais de plus en plus aussi, ses opinions, ses peines, ses soucis, ses douleurs, son anxiété, ses angoisses et même ses mauvais rêves. Il eut des paroles tues, des mots avalés, des regards perdus qui ne veulent plus fixer personne.

Depuis qu'il avait perdu dans les pantalons, il s'était jeté corps et âme avec moins de quarante-cinq mille Francs CFA dans le triage. Il prenait un tricot par-ci, un t-shirt par là. Il est devenu plus que présent à chaque déballage, mettant à profit tout ce qu'il a appris et mémorisé depuis près d'un an d'un apprentissage autodidacte. Il avait réussi à transformer son comptoir en l'image de celui de tout trieur. Des murs de bâches et des cordes pendantes. Avec le temps passé comme déballeur, il avait compris que le système du tri permet de travailler en équipe. Un des usages dans le milieu voudrait que l'on bénéficie de quelques jours, voire d'une semaine pour régler sa solde. Ce qui permettrait au déballeur de couper sans inquiétude, au trieur de ne pas manquer de marchandises, voire de marge pour vendre et liquider. Enfin, au lanceur de vendre aisément avant le prochain vendredi. Chacun ayant un carnet pour noter les comptes. Théo, devenu le principal déballeur de t-shirts, faisait la pluie et le beau temps du boulevard. Beaucoup déballaient maintenant autre chose pour s'adapter aux moments difficiles. Chaque fois que Muna lui prenait de la marchandise, non seulement il la lui taxait à un prix élevé, mais ne lui laissait pas de délai non plus. Une fois le déballage fini, il réclamait ses sous et du cash ! Aux cordes, pour tenir le cap, Muna négocia toujours pour la fin de la journée. Seulement, lorsque par malheur Théo n'était pas désintéressé à la fin de la journée, il se faisait entendre dans tout le marché. Il était rancunier et ne cachait aucunement ce côté de sa nature. Alors que plusieurs fripiers avaient plus ou moins changé de sentiment envers Muna, il en était encore à vouloir régler les comptes d'il y a plus d'un an. Faute de mieux, Muna se résigna tout de même à l'exercice lui demandant de se surpasser afin de désintéresser le vicieux créancier. Or, l'exercice était aussi épuisant qu'appauvrissant à la longue dans la mesure où, pour sa réussite, il fallait presque forcer le passant à l'achat dans les minutes suivant la fin du déballage. Ce qui n'est pas pratique. Aussi, puisait-il toujours dans ses dernières économies pour se débarrasser de sa vicieuse pie de concubine. En moins de deux mois, il était ruiné, essoufflé, désillusionné, encore plus angoissé qu'avant. Il avait des non vendus par dizaine. L'explication en était toute simple. Il ignorait toujours les règles du triage. Il ne savait encore éviter tous les pièges pour un bon triage comme Aladji qui s'y exerce depuis plus de dix années, après avoir été lanceur, déballeur, trieur de second choix. Il faut savoir faire ses classes et aussi entrer dans les cotisations. Seulement, il se méfiait des cotisations avec des inconnus. D'ailleurs, il avait constaté que les cotisations sérieuses se faisaient par ressortissant d'une même région. Sa ténacité, sa pugnacité, sa volonté et sa patience auront plutôt servi à financer sa nouvelle expérience de trieur, au lieu de multiplier son capital comme il l'aurait souhaité. En plus, considérant ses dépenses journalières et ses devoirs communaux, il triait à un prix qui ne lui faisait pas de cadeau. Il hésitait toujours dans le choix des couleurs et des coupes. La poussière rendait facilement désagréables certains tissus qu'il apprenait à reconnaître. Le client du premier choix est un connaisseur du bon. Il comprenait très bien qu'il faut toujours jouer ingénieusement avec tout cela afin de faire moins de perte et moins de gaspillage. Donc, plus de bénéfices.

Une nuit, alors qu'il admirait les étoiles en analysant tout cela, il comprit que c'est sa stratégie qu'il lui faudra tout simplement rafistoler. Maintenant qu'il comprenait de quoi il retourne dans le système, il lui faut changer d'approche commerciale. Au moment où il se préparait à regagner le lit, lui revint une idée repoussée quelques jours auparavant. S'il lui faut diminuer le coup de ses achats, pourquoi ne pas aller trier sa marchandise dans le plus grand marché fripier de la ville de Yaoundé ? Pourquoi ne pas aller directement au champ ? Il faut toujours tout essayer avant d'abandonner. C'est ce qu'il fit le lendemain. Il n'était venu que deux fois seulement à Mokolo. Cette fois-ci, il y était avec le sentiment de franchir une nouvelle barrière. Il était seul au milieu de milliers de personnes se bousculant, se traversant, sans jamais sembler se voir. Comme au Carrefour Ndokoti de Douala à une époque, il était au milieu de revendeurs chauffant, criant pour exciter la masse tout autour d'eux, au milieu de personnes toujours affairées. Il y était et quelque chose lui disait être venu se confronter à sa seule issue de secours possible. En effet, revenir à la source a toujours été une bonne décision quand on est perdu. Tout comme se rendre au champ lors d'une récolte est mieux que d'acheter au bord de la route.

Situé dans le deuxième arrondissement de la ville de Yaoundé, le marché Mokolo à la réputation proche de celle des quartiers chauds de Bogotá ou de Medellín. Dans ses incessants embouteillages, on y soutire plus facilement un porte-monnaie qu'un salut. Lorsqu'on est moins expérimenté pour la grande foule et naïf en ville, il est encore mieux de se hasarder vers une machine à sou d'un casino que de venir y faire fortune. Ce marché ne regorge pas d'enfant de chœur. Difficilement même, on y rencontre une âme sensible. Le marché Mokolo est une architecture moderne réalisée par des Chinois dans le cadre des premières coopérations avec le Cameroun. Il a tout pour attirer l'attention de celui qui y vient pour la première fois. Contrairement à son marché de friperie construit en matériaux provisoires, partout, c'est du béton et de l'asphalte. Des hangars y sont disposés de telle sorte que l'automobiliste soit capable de les sillonner sans descendre de son véhicule. Tout autour du marché, existent des bâtiments impressionnants traversés par de larges bandes asphaltées menant vers Tsinga ou vers Elig Effa. Mais les parkings de ce marché ont été très rapidement colonisés par les vendeurs ambulants et de la friperie. Surtout les samedis. Ce qui emmena certains à garer n'importe comment, à créer des embouteillages pour le bonheur des policiers ripoux. À tout moment de la journée, il est difficile d'y faire plus de trois mètres sans se cogner à un vendeur ambulant qui parfois vous marche dessus sans esquisser le moindre geste d'excuse. Son brouhaha incessant rend également l'oreille difficile. L'on s'y croirait dans un stade dans lequel des âmes se distribuent les rôles de vendeurs au comptoir ou à la sauvette, à même le trottoir, de ceux qui n'ont pour toute solution que la marche à pied pour attraper quelques oiseaux des champs, des rôles de *Bayam-sellam*, de grossiste, de détaillant, de boucher, d'épicier, de coiffeur, de vendeur de pacotilles ou de disquaire qui se fait entendre à grand bruit de sonorités du dernier Bikut-si, Makossa ou de Bend sikin. Très vite, d'autres rôles y avaient pris droit de cité : ceux de dealers, de fileurs de touristes, de *Pick-pockets*, de voleurs de portables et d'escrocs toujours prêts pour une entourloupe, de filles légères dragueuses de marchands, de jeunes porteurs de sacs à la brouette, qui sont mal vus des pousseurs leur souhaitant une fracture du péroné parce que trop ingénieux d'avoir trouvé l'astuce de casser le prix des services, tout en étant beaucoup plus rapides.

Mokolo était à l'image d'une jeunesse qui invente ses propres moyens de survie. Pour se frayer un petit chemin dans un amas de chair et d'os, d'odeur de friperie, d'oignon pourri, de piment, de poisson fumé, de viande boucanée. Mais aussi des aisselles, des fesses et de mauvaise dentition, il faut savoir gueuler et jouer de ses coudes. Une fois à Mokolo, l'on se retrouve dans la réalité de la diversité culturelle même du Cameroun, voire de l'Afrique. Chaque matin, on y vit une sorte de réunion spontanée de toutes les ethnies, une exposition de toutes les régions du pays et du continent. Un conglomérat des mentalités aussi diverses que dans l'habillement, la manière de réfléchir, le ton de la voix, les traits des visages qui disent l'origine de certains individus. Non seulement les Camerounais s'y retrouvent par milliers, mais l'on y rencontre banalement les Maliens, les Sénégalais, les Ivoiriens, les Tchadiens et beaucoup d'autres Africains, Européens et Asiatiques. Clairement, c'était l'un des plus vastes et peuplés marchés de vente en détail de la sous-région

Afrique subsaharienne. En analysant rationnellement le marché Mokolo, l'on perçoit nettement ce qu'est la vie dans les affaires du pays. Dans le domaine de la vente en gros et en détails, l'Ouest et le Grand-Nord y font la pluie et le beau temps. Leurs ressortissants y ont un dynamisme sans pareil. Il faut le reconnaître, ils s'imposent non seulement dans la vente de vêtements mais également dans tout ce qui concerne les ménages et l'alimentaire. Tandis que leurs hommes sont dans la friperie, leurs femmes vendent les vivres frais, les fruits et légumes, les épices. On les retrouve dans les boutiques qui offrent de gammes très variées d'ustensiles ménagers et électroménagers. La boucherie, les pagnes et tissus africains, les bijoux de toutes les matières, les désodorisants importés et locaux, les chaussures et les sandales dont le monopole est tenu sans partage par les hommes et femmes du nord. À côté des ressortissants de ces deux régions, ceux des autres deux cents et quelques tribus s'essayaient sans toutefois sembler émerger. Certaines étaient même inexistantes dans ce marché. Mais, constat fait, Muna était convaincu que tout le monde ne peut pas être commerçant. La République a besoin de beaucoup d'autres ailleurs.

Le déballage au marché Mokolo est différent de celui du marché de Mvog-Ada. Tandis que dans ce dernier le déballeur fonctionne en premier avec le trieur et en second avec le lanceur, il fonctionne à Mokolo, en plus de ces deux-là, avec des spécialistes du deuxième choix. De seconds trieurs appelés « *rebondeurs* », aussi importants que le principal. Une appellation à ne retrouver que dans le lexique des sauveteurs. Comme au basketball, ils sont toujours au rebond, agglutinés tout autour du trieur ou du déballeur qui symbolise le panier, se bagarrant pour récupérer la moindre pièce qui n'allait pas au premier choix. La différence entre les deux systèmes de déballage se situe sur les goûts et les prix. Dans ce marché, le déballeur fait également équipe avec un chauffeur spécialisé dans la vente de tout ce qui s'amoncelle au fur et à mesure. Il crie à tue-tête toute la journée pour rameuter les passants et tous ceux qui se sont intéressés à ses articles de troisième main.

À Mokolo, on déballe tous les jours. Par conséquent, les *rebondeurs* sont le véritable oxygène du déballeur. Parce qu'ils sont nombreux, ils donnent parfois et cela en espèces, plus de la moitié de la recette du ballot en une séance de déballage. Ce qui n'est pas le cas des trieurs qui payent par tranches et selon la confiance. À Mokolo, on n'installe que le premier choix. Dans le cas où un déballeur est son propre trieur, il installera son diamant et ordonnera à son chauffeur de directement bazarder tout ce qui reste après le passage des rebondeurs. Celui-ci vendra dans la matinée la pièce à cinq cents Francs CFA et dans l'après-midi à trois cent cinquante Francs CFA, avec bonus trois à mille. Ici, le lanceur s'approvisionne tous les jours à partir de dix-sept heures. Un déballeur coupe deux à trois ballots chaque matin. Inutile donc de dormir sur une carcasse fouillée par de milliers de personnes et qui au finish, n'aura plus que le quart ou un cinquième de son nombre de départs. Le matin suivant, tout reprendra de nouveau. Le ballot sera coupé, le trieur passera, les *rebondeurs* aussi, les passants fouilleront et à la fin viendra le lanceur qui ramasse tout ce qui reste à un prix convenu.

Depuis trois jours, Muna sillonne les points chauds de la friperie de Mokolo, en essayant de comprendre comment fonctionner dans cette nouvelle organisation. Tout y est vraiment différent. Contrairement à ses attentes, la marchandise n'y est pas facile à obtenir. Tout ce qui a été à sa portée jusqu'à présent, c'est quelques vêtements de troisième choix que le lanceur emportera pour le marché de nuit. Personne ne semble avoir la volonté de lui en vendre du bon. Comme à Mvog-Ada dans ses débuts, il ne lui suffit pas d'avoir de l'argent en poche pour obtenir quelque chose. Malgré toute cette marée humaine, un nouveau venu dans le cercle est très vite repéré dans le milieu dans lequel tout le monde se connaît et s'interpelle à l'aide d'un sobriquet. Depuis trois jours, lorsqu'un trieur lève la tête, il le regarde sans paraître le voir et tend la pièce à un autre. Il ne fait pas partie du cercle des habitués formé de personnes se soutenant dans la galère quotidienne. Pour contourner la difficulté, Muna misa sur la quantité à prendre.

Le quatrième jour, très tôt avant le déballage, il alla rencontrer un déballeur à qui il proposa de prendre une bonne quantité de sa marchandise de seconde main.

— Combien de pièces ?

— Trente à cinquante, selon que c'est propre.

Le déballeur se lécha les babines.

— Cinq pièces la pièce.

— Mais gars, je ne prends pas le deuxième. Je prends à terre.

— C'est 5 pièces, même si tu prends mille t-shirts au sol.

5 pièces ici, c'est 5 fois cent Francs CFA. À Mokolo, ça se compte le plus souvent par pièce de cent FCFA ou par billet de mille Francs CFA encore appelé « *Kolo* ». Mais Muna n'était plus un bleu dans la friperie. Il avait fait semblant d'abandonner. Au moment où il paraissait presser le pas vers un autre, il fut rattrapé par le chauffeur du bluffeur qui le traîna presque de force chez son patron.

— Gars, tu es une gonzesse ? How que je te donne un prix tu *vanish* seulement non ? On ne fait pas ça. Choisis d'abord les pièces que tu prends, par la suite, je saurai si ton prix me va.

Le prix de Muna était de trois cent cinquante Francs CFA, la pièce. Pour saisir sa chance et se faire remarquer, il prit cinquante pièces au milieu des poings serrés des rebondeurs qui avaient reçu l'ordre de le laisser d'abord faire ses choix avant de toucher à quoi que ce soit. Il paya et quitta les lieux, poussé hors du marché par une horde d'yeux s'interrogeant sur cette nouvelle tête qui avait bousculé toutes les règles et les habitudes. Le déballeur, dans un coin, jubilait dans sa chemise trempée avant huit heures du matin. Avant la fin de la semaine, un espace fut réservé à ce don du ciel. Certains déballeurs ayant aussi remarqué Muna l'approchèrent les jours suivants seul à seul, afin de l'inciter à venir plutôt s'approvisionner chez eux. Mais notre homme savait ce qu'il cherchait. Il savait, tout au moins, que les coups se prennent facilement dans le milieu.

Pour écouler cette nouvelle marchandise, il était retourné vers le marché du Mfoundi où il était passé au mois d'avril ventiler le reste de ses marchandises. Il s'était malgré lui éloigné du marché Mvog-Ada où il ne pouvait plus tenir sans capital sur un comptoir à louer. Il était devenu un lanceur du marché du Mfoundi, le plus grand marché de vivres frais de la capitale. Celui-ci est situé entre Mvog-Ada, la Place Elig Essono et la Place Ahmadou Ahidjo. Il a également été construit par les Chinois dans le cadre de la coopération Sud-Sud. En principe, il est destiné à la vente des fruits et vivres frais. Mais tous les commerces s'y sont finalement installés clandestinement, par la force des choses. Tout y commence très tôt, avant même le chant du coq, une fois que les premiers camions de vivres et de légumes frais en provenance des régions du sud, de l'ouest, du Littoral et de quelques contrées de la région du Centre, pénètrent l'entrée de la rue Graffin, par le pont de la gare ou celle du Boulevard de la République, pour ravitailler les revendeurs qui, dans le froid de la nuit, ont d'un seul œil dormi à même le sol. Très rapidement, ceux-ci assaillent ces camions en se disputaillant déjà pour des paniers de tomates, pour des haricots verts, pour des sacs de maïs, de patate, d'arachide, pour des régimes de plantains, et pour toutes autres vivres. C'est ainsi aussi que très tôt, revivaient les hangars pour tous les revendeurs des autres petits marchés qui venaient s'y ravitailler, pour soit agrandir le capital, soit nourrir la famille. Bref, s'éloigner de quelques grands maux de notre société.

Le Marché du Mfoundi n'était pas un marché pour vêtements. La police veillait à ce qu'aucun fripier n'y installe un comptoir. Tout devait se vendre à l'intérieur des hangars et rien sur les trottoirs et la chaussée. Les petits détaillants de vivres frais étaient pourchassés. De même que les vendeurs ambulants qui créaient des embouteillages partout avec leurs comptoirs juchés sur les pousses. Seuls les clients et les automobiles étaient habilités à circuler dans ses voies asphaltées. Les rafles des forces de l'ordre faisaient des victimes chaque jour parmi les téméraires. Tous les indésirables avaient surnommé la police *Awara*. Expression de langue Foulfoudé du Nord du Cameroun qui signifiait « *Ils arrivent* ». Une expression qui était devenue d'abord un nom par ce qu'elle exprime puis avec le temps, le mot de ralliement pour échapper aux agents de maintien de l'ordre, de la police municipale et de la communauté. Aussitôt que se pointaient les jeunes gardiens de la paix à un bout d'une rue, le téléphone arabe circulait très rapidement jusqu'à l'autre bout du marché. Ils arrivent ! Une fois le mot est lancé, la rue se vidait le temps d'un clignement de l'œil. Les vendeurs à la sauvette ôtaient à une vitesse folle leurs bâches des trottoirs et de la chaussée. Les pousses changent de direction, les vendeurs de bibelots et tous les brocanteurs qui toujours sont dans le qui-vive choisissent la première sortie qui se présente à eux ou la première cachette trouvée. Ils étaient de bêtes traquées chaque instant. On avait même l'impression que le marché chaque jour se remplissait d'eux. Il leur était pourtant difficile de vendre deux heures au même endroit, de se concentrer sur leur vente puisqu'il fallait toujours jeter un œil à gauche, à droite et dans tous les sens pour éviter la surprise qui gâchera la journée. Mais ils revenaient après le contrôle. Une seule chose mettait tout le monde d'accord : dame pluie. La bête noire de tous ceux qui vendent à ciel ouvert. Lorsqu'elle sévit, elle fait « dormir » le marché. Les clients n'y pénètrent plus. Ceux qui l'ont pénétré cherchent bonnement refuge dans les hangars, les seuls endroits couverts. Lorsqu'il pleut, la voie est dégagée, les vendeurs recouvrent leurs marchandises par de larges feuilles de plastique, la vie tourne au ralenti, le travail de maintien de l'ordre est fait à la place des agents. C'est ce qui emmena les sauveteurs, toujours en avance dans l'expression courante, de surnommer la pluie à juste titre : Awara général. Elle vide les marchés et n'épargne personne. Ni les échoppes, ni les hangars, ni les clients, ni même la police. Personne et surtout pas les badauds. Mais malgré tous ces ennuis, les vendeurs de friperie avaient trouvé l'astuce pour vendre dans ce marché en promouvant tout simplement le marché du soir. Celui-ci commençait autour de dix-sept heures, au moment où la vigilance de la police avait baissé, lorsqu'elle devenait plus tolérante. Ainsi avait-on pour au moins 3 heures d'attaque, puisque le coin ne désemplissait qu'à partir de vingt heures. Il y avait des lampadaires à chaque côté de ses voies asphaltées.

Muna savait que pour vendre au marché du Mfoundi, il faut crier tout le temps, savoir chauffer, vanter et bien disposer sa marchandise sur des bâches à même le sol comme un piège visible, mais tentant pour les passants. Très vite, il constata qu'il lui est facile de vendre près de la moitié de sa marchandise à cinq cents Francs CFA et que cela dépendait beaucoup de la qualité du choix. Il faut toujours faire attention au choix. Chaque jour, dès dix-sept heures, ses bâches étaient disposées pratiquement sur la voie publique. Derrière lui, aucun des vendeurs de harengs fumés et d'huile de palme de plus en plus acceptés par Awara hors des hangars n'a voulu lui céder la moindre parcelle devant leurs comptoirs. Il gênait à vue d'œil. Plus d'une fois, l'un ou l'autre l'accusera d'entraver le passage de ses clients. Pareillement, l'énervement avait poussé les uns et les autres à traîner ses vêtements de droite à gauche et même à les jeter au milieu de la voie. Tous menaçaient de le dénoncer chez Awara. Certains le conseillaient même d'aller se chercher ailleurs pour éviter les problèmes. Cependant, le jeune homme savait que l'ailleurs-là n'existe nulle part dans ce marché. Une ou deux fois, pour contenir la susceptibilité de l'un de ceux-ci, il était arrivé à regret aux mains. Il avait fait le tour du marché, il avait essuyé les frais de tout le monde avant de s'accrocher à cette place qu'il voudrait juste pour deux ou trois heures en fin de journée. Il était fatigué d'être le souffre-douleur de certains, le mouton noir de tous.

Après avoir été entêté, Muna devint diplomate, bon parleur, négociateur qui veut s'incruster malgré les regards désapprobateurs. À Mvog-Ada, il avait appris à se faire aimer. Pourquoi ne pas être ici aussi ce paratonnerre absorbant toute la colère du ciel ? Chaque jour, il forçait l'amitié et l'entente, créait toujours des sujets de conversation, prenant tout le monde dans un élan de sympathie pendant les quelques secondes de bonne humeur se présentant naturellement à l'homme. Il comptait sur son don de parole. Il joua aussi de son charme qui lui réussit bien durant plus d'un mois, jusqu'au jour où tous les commerçants eussent la désagréable surprise de le voir débarquer un matin à neuf heures. Décidément ce mec inquiète !

— Écoutes joueur, on t'a laissé vendre les soirs parce que c'est la fin du *maket*, mais à cette heure-ci, toi-même, tu vois.

Il voyait. Cependant, il lui fallait vivre sa vie de chaque jour, en journée comme en soirée. Il lui était difficile de tenir ainsi. Acheter la marchandise le matin et errer toute la matinée. Rentrer sur Mimboman en dépensant encore des sous ? Ce n'était pas juste. Il avait été vacciné à Mvog-Ada et rien de ce qu'on lui dira au marché du Mfoundi ne pourrait l'ébranler. Au lieu de déguerpir, il négocia plutôt, il accorda des garanties en demandant seulement deux heures. Il prétendit même se faire tout petit. Rien. Les autres restèrent dans leur position. Ils craignaient sa façon de vendre quoiqu'ils ne vendent pas les mêmes choses. Il faisait trop de bruit et savait concentrer toute l'attention sur lui tout seul. Il était capable d'emmener une femme qui voudrait du savon à s'acheter plutôt un t-shirt. Ce n'était plus bien. Plus de deux semaines, Muna tiendra ainsi entre deux tracasseries, sa marchandise de temps à autre jetée sur la voie publique et avec Awara à ses trousses. Finalement, il s'appropria la place d'un voisin rentré au village. « *Rentrer au village* » pour les sauveteurs, c'est abandonner faute de moyens.

Toute cette gymnastique était épuisante et très dure à supporter pour celui qui ne demandait qu'à mordre simplement dans le fruit de la vie, de sentir les rayons de soleil caresser sa jeunesse. Partout, il était au front. Il n'avait de repos à aucun moment de sa vie. Pas à Mokolo où les *rebondeurs* se sont ligués pour lui mener la vie dure. À Mvog-Ada non plus où le marché est toujours caillou, où tous ont préféré le voir partir au lieu de lui prêter de l'argent comme lui-même leur en avait souvent fourni pour baisser les tensions. Mais lorsque son tour d'en demander est arrivé, personne n'était plus prêteur. Et ce n'était non plus à Mimboman, chez sa grande sœur, où seules quelques fibres familiales tiennent encore la corde tendue des relations orageuses, qu'il allait retrouver sa santé financière. Le marché du Mfoundi était son calvaire véritable : la faim, le soleil, les maux de tête, la voix cassée, la fatigue et le moral très fréquemment bas. Mais à la guerre comme à la guerre. Il fallait minimiser les ravages d'un présent boiteux, après un passé tordu, afin d'essayer de redresser un avenir incertain, sans aucun autre moyen que la force de son mental et ses prédispositions naturelles. Sans aucune aide extérieure et sans réserves de sécurité. Tenir debout chaque jour de cinq heures et trente minutes à vingt-et-une heures, contre toute tentative de brisure de son mental, contre toute déstabilisation de sa résistance, contre vents et marées. Et même contre l'énergie qui s'échappe de soi et qu'on ne remplace que difficilement, du moment qu'on ne mange plus que pour tenir la journée. C'est aussi cela vivre au jour le jour : ne pas avoir de montre, ni de calendrier, mais seulement l'objectif de remonter coûte que vaille la pente en négociant chaque jour comme le dernier. Quelques mois avaient suffi à le transformer en loque humaine. Comme à Bawedi, il était toujours dans la défensive, insensible comme toute personne ayant un but à atteindre, ne sachant plus s'arrêter devant un sourire inutile pour l'instant, ni sur un loisir sans intérêt. Faire sa journée lui suffisait. Le soleil lui brûlait la peau et le crâne, son visage était devenu huileux et boutonneux, il avait perdu beaucoup de poids, ses yeux étaient rentrés dans les orbites et visiblement, il n'était pas bien. Lorsqu'il rentrait sur Mimboman le soir, allait-il alors très tôt au lit afin d'éviter les accrochages. Dans ses prières, il demandait au roi des circonstances de changer positivement sa condition sociale.

4

Sa nouvelle façon de vendre lui procurait bien quelques milles cinq cents Francs CFA de bénéfice au quotidien. Mais la moitié était vite avalée par le transport, la nutrition et la toilette. Trois mois après, il ne prenait plus au-dessus de trente t-shirts, ayant constaté qu'acheter plus faisait faire de mauvais choix et avoir des avaries. Au moment où il pensa que tout commençait à lui sourire, Awara commença à le surprendre quatre à cinq fois en un mois ! Malgré toute la vigilance et les alertes. Pour cent Francs CFA comme droit de place par jour, le trottoir avait fini par être toléré aux sauveteurs et aux petits revendeurs de fruits et légumes par la mairie. Au moment où Awara se signalait et que tout le monde retirait ses bâches sur la voie publique, les agents de la police se dirigeaient droit sur Muna et lui prenaient de force ses vêtements qu'ils jetaient ensuite dans un pousse-pousse. Au poste de police, Muna payait trois mille Francs CFA d'amende pour récupérer son bien. Mais l'amende était trop lourde à supporter. Trois mille Francs CFA était le prix que payaient les vendeurs d'huile de palme, les vendeuses de poissons fumés, les gros vendeurs de tomates en dehors des hangars. Ils ont tous un bénéfice de plus de trois cent mille Francs CFA par semaine. Certains possédaient même plus d'une installation sur la voie publique pour cent Francs CFA. Lorsqu'en un mois Awara vint le saisir pour la cinquième fois, il demanda aux agents de police pourquoi il n'y a qu'à lui qu'ils s'en prenaient. Les quatre gardiens de la paix menacèrent de l'embarquer au poste de police pour déso-béissance à l'autorité. Heureusement pour le jeune homme, certaines reven-deuses d'épices en face se mirent à plaider en sa faveur. Pour la première fois, Muna dû abandonner vingt polos entre les mains des agents. Il vaut mieux encore un autre triage à Mokolo avec les trois mille Francs CFA. Mais trois jours après, le même scénario se reproduisit avec sa nouvelle marchandise alors qu'il est sur le trottoir que lui fait payer la mairie à cent Francs CFA la journée. Il plaida, parlementa, supplia. Rien. Ce jour-là, il rentra à la maison très acide. Encore trois mille Francs CFA qui sont sortis. Ce qui grignotait son maigre capital. Il avait l'impression de travailler pour les policiers sans savoir chez qui et où se plaindre. Il alla raconter tout cela à sa sœur avec espoir qu'elle en parlera à son époux officier de Gendarmerie qui pourrait faire quelque chose du côté du poste de police. Fatigué d'attendre le geste, il en parla directement au beau-frère qui le conseilla plutôt de simplement tenir bon, de se battre « comme un homme ». Mais il y a lieu de se demander quel genre de combat ils attendaient de lui. Celui de David contre Goliath, de Superman ou celui réel et effectif de Muna contre les ripoux ? Alors qu'il n'arrivait plus à saisir la moindre occasion de vendre sans voir arriver Awara, une dame le héla un soir et le mit au courant du jeu sordide tramé sur son dos par les autres revendeurs, ceux installés dans des stands.

— Ils ont corrompu le chef de poste de police contre toi. Ils veulent que tu partes, parce que tu n'es pas des leurs. Si tu étais un de leur frère du village, ils t'auraient depuis longtemps trouvé une petite place par solidarité. Ce n'est pas la place qui manque.

Elle lui fit savoir en plus que des vendeurs autour de lui avaient fait des blagues, ils lui avaient posé des questions en plus d'une langue de leur région, mais qu'il n'avait ni ri, ni répondu, ni même réagi à un traître mot de tout ce qui se soit dit. La conclusion s'était faite d'elle-même. La dame le conseilla de soudoyer les agents à son tour dès le lundi. Très rapidement, les jours suivants, Muna va forcer l'amitié des chefs. Ceux-ci lui expliqueront en retour que faire pour un armistice. Il devrait s'engager à leur verser chaque samedi après-midi trois mille Francs CFA pour une semaine de tranquillité. Comme toujours, il négocia pour deux mille Francs CFA en raison de cinq cents Francs CFA par agent. Avec le temps, il apprendra même n'être pas le seul racketté par les agents de la police nationale. C'est ainsi que Muna connut la paix du côté de Awara. Cependant, cette paix, aussi coûteuse soit-elle envenima plutôt les rapports entre lui et ses ennemis qui, en solo ou en duo, se mettront à rechercher d'autres astuces pour le faire partir.

Un matin, alors qu'il sortait de Mokolo, il trouva quelqu'un d'autre à sa place. Calmement, il essaya de comprendre. Mais le nouveau venu lui demanda d'aller se faire voir ailleurs. Décidé à reprendre sa place, Muna détacha ses bâches pour les étaler. Pendant qu'il s'activait, l'autre les froissa et les jeta au milieu de la chaussée. Vexé, Muna fit de même de celles du nouveau venu. Plus âgé que lui, mais nettement moins grand, le nouveau ne pouvait que le toiser en récupérant ses bâches sous un camion. Dans ce marché où tout est intéressant, le monde avait fait foule autour des deux coqs se défiant du regard. Certains bons esprits les calmèrent et quelqu'un leur demanda s'ils n'avaient pas fait de bagarre à l'école primaire. En retrait, un vendeur de harengs fumés avait haussé la voix.

— Il sort même d'où le gars-ci, hein ? Depuis qu'il est dans ce marché, il fait les problèmes à tout le monde. Il gueule même quoi ? Celui qui est arrivé ce matin n'a fait que reprendre sa place. C'est un ancien de ce marché. Il y a deux ans seulement qu'il a quitté le marché. Il faut qu'il nous libère les lieux. Non ! Ne parlez pas ainsi madame, n'intervenez pas dans ce que vous ne savez pas. Le gars qui vend les chaussures était ici, il y a deux ans. Alors…

Il termina sa phrase par un geste de la main signifiant pour Muna de se casser. Mais beaucoup comme cette femme criaient à l'injustice. Une grosse dame Bamenda se dressa entre les deux coqs en défiant du regard les commerçants qui étaient contre Muna.

— Chaque jour, vous lui menez la vie dure, vous le voyez vivre comment ? Pensez-vous qu'il soit le fils du fou, qu'il soit issu d'une famille aisée, que c'est pour cela qu'il vient jeter les habits de deux-deux cents sur la boue du Mfoundi ? Vous n'avez même pas peur du bon Dieu ?

— La mère, il ne faut pas dire des choses que vous ne maîtrisez pas. C'est ma quatrième année dans ce marché. Vous me connaissez tous, je suppose. J'avais des problèmes. C'est pour cela que j'avais quitté le marché.

— Qui te connaît ? Qui a gardé une place pour toi ici ?

— En plus, je vous rappelle que j'ai acheté cette place au vendeur d'huile derrière nous. Je vais lui donner cent Francs chaque jour. C'est lui qui m'a dit de venir occuper cette place.

Tous se regardèrent d'un air entendu. Sans un mot de plus, chacun regagna sa place. Cela sentait l'entourloupe. Lorsque le responsable de la discorde se pointa deux heures après, nerveux comme une sangsue, il parla à son protégé en sa langue maternelle puis il se tourna vers Muna à qui il demanda de partir. Après plus d'une demi-heure de négociations, ils en vinrent à la conclusion que, pour garder sa place, Muna devrait lui reverser chaque jour cent cin-quante Francs CFA. Comme par enchantement, l'autre lui céda la place sans plus un mot. Muna conclut alors que tout ceci n'était qu'un montage afin de lui soutirer des sous. Le même jour, quelqu'un le conseilla un magasin pour cinquante Francs CFA la nuit de garde de ses marchandises. C'est ainsi aussi qu'au marché du Mfoundi, en plus des charges qui l'acculaient déjà aux cordes, Muna se mit à payer pour avoir la paix et la sécurité alors même qu'il ne gagnait pas gros au départ. Ses dépenses personnelles avaient été réduites à l'essentiel de ses besoins. En six mois, il ne s'était acheté que du savon de toilette, de la pâte dentifrice, une casquette qui protège contre le soleil. Ainsi qu'un jeans avec lequel il bossait sous la pluie comme sous le soleil et des baskets pour des kilomètres à parcourir chaque jour.

Il n'eut vraiment la paix dans ce marché que ce jour où, lors d'une discussion qu'il savait engendrer aux moments détendus, quelqu'un a voulu connaître ses origines. Sur le champ, il s'était inventé une histoire et un nom. Comme quoi, son père est de l'ouest et sa mère du Littoral. Mais, il n'a jamais vécu avec son papa. Ses parents s'étaient séparés parce que sa famille paternelle n'a pas voulu d'une *Nkwah*, d'une étrangère. Fait social récurrent. Il leur dit s'appeler Kamga. À la fin de l'histoire toute raccommodée, un vieux vendeur de ceintures sur sa droite se leva, le cœur spontanément abondant.

— Mais mon fils, il fallait nous le dire lorsque tu es arrivé ici. Tu n'aurais pas eu tous ces problèmes. Nous, on s'est dit que tu es un *Nkwah*, mais un *Nkwah* qui sait chercher l'argent comme un *Bami*. C'est dans le sang cette histoire-là. Dieu est fort, *ô yuh*, père, tu comprends ? Dieu est fort *Massa* !

Puis d'un ton qui voulut susciter la confiance dans la confidence, le monsieur des ceintures le traîna vers les autres vendeurs pour le conseiller.

— Lorsque tu arrives quelque part et que tu trouves tes frères, dis-leur qui tu es, *ô yuh* ? Prends un peu d'un bout à l'autre de cette entrée, on se connaît tous et on se soutient. Mais comme tu as été éduqué par les *Nkwah*, tu ne sais pas ces choses-là. Tu parles même un peu la langue de ton papa, qu'est-ce que c'est encore ?

Comme il put, Muna expliqua être de Bandjun. Il ne savait pas parler la langue parce qu'ayant passé toutes les années dans la ville de Douala.

— C'est rare ça. Kamga à Bandjun… un Bami qui laisse partir son sang ! C'est curieux.

Il savait n'avoir pas convaincu. Cependant, il avait gagné une sorte de paix sans acceptation.

***

À Nkol-Éwoué, Mokolo, mais surtout au marché du Mfoundi où il s'activait depuis plus d'un an maintenant, Muna a été confronté à une réalité qui à la longue ne le gênera même plus. Dans ses débuts de sauveteur, il lui est arrivé plus d'une fois de rencontrer un ancien camarade de classe ou un vieil ami de lycée. D'avoir pour cliente une ancienne camarade d'Université très bien vêtue et d'une apparence soignée qui ouvrait grand les yeux en le reconnaissant. Au début, il fut très gêné par cela. Il fuyait ces rencontres et affichait un grand sourire jaune lorsqu'il ne pouvait plus se dérober. Il avait aussi eu du mal à entendre ses anciens camarades insister sur des questions qu'il ne voulait plus répondre. Comment en est-il arrivé là ? Comment s'en sortait-il ? Qu'est-ce qui s'est passé après l'Université ? Qu'est-ce qui n'a pas marché ? À toutes ces questions, il donnait des réponses à même de faire comprendre à chacun de ne pas tirer de long en large sur le sujet. Il était conscient qu'il aurait pu avoir plus que beaucoup de ses camarades, si l'on s'en tient aux résultats scolaires et universitaires. Il avait toujours été parmi les meilleurs élèves du lycée, l'une des trois meilleures notes de Philosophie et d'Histoire du centre d'examen de son Baccalauréat. En classe de troisième, il aidait déjà son professeur d'anglais à la correction des copies des classes inférieures. L'exception reconnue dans tout le lycée. C'est avec raison qu'un ancien camarade qui n'a pas eu autant de bonnes notes que lui sursautait en le retrouvant chauffant à tue-tête : « *Déballez, c'est déballé, le secret, c'est de bien fouiller... Oui, grande sœur, fouillez pour vous...* ». Il avait un pincement au cœur lorsqu'il se trouvait que cette « *grande sœur* » en question n'est tout autre qu'une ancienne camarade de lycée ou d'Université devenue fonctionnaire d'État. Ces situations gênantes le poussaient à se demander ce qui lui était arrivé. Les premiers devenaient-ils déjà les derniers ? Mais ce qu'il en pensait ? À bien regarder, chacun ayant son destin, il n'enviait celui de personne. Dans ses tripes, il croyait dur comme fer que son destin sera quelque chose d'unique, d'extraordinaire et de tout simplement formidable à la fin. Depuis tout petit, cette conviction était en lui. Le plus souvent, il se disait pour se consoler qu'il n'y a pas de sot métier, mais seulement des expériences à raconter un jour. Il avait vendu de l'eau glacée à l'intérieur du stade Omnisports de Douala à l'âge de neuf ans, des arachides bouillis à partir d'un plateau posé sur sa tête alors qu'il faisait le CM1. Sans oublier des bananes et du bois de chauffe pour tout le quartier tout le long de son enfance. Des livres entiers à écrire.

Un après-midi, entouré d'hommes et de femmes fouillant devant lui, il leva la tête et se retrouva nez à nez avec l'un de ses camarades de classe de Terminale.

— Muna ! Que fais-tu là ?

— Tu le vois bien, je vends.

Muna essayait de cacher sa gêne, mais l'autre repartait de plus belle dans la conversation.

— Tu as jeté le stylo alors ?

— Ah, il faut vivre. Il faut savoir faire un choix à un moment de sa vie.

— Il y a quelqu'un qui m'a parlé de ça, je lui ai dit s'être trompé. Mais là, Muna ! Je n'en reviens pas. Comment c'est arrivé ? Tu t'en sors vraiment ? Muna, excuse-moi de te demander tout ça. C'est que, je n'en reviens pas du tout. Je connais ta valeur. Ce n'est pas toi ça.

Muna essaya de lui expliquer les choses telles qu'elles s'étaient agencées dans sa vie sans manquer de lui dire qu'entre temps, il déposait des dossiers et faisait des concours administratifs. Ce jour-là, l'ami était reparti en le laissant amer. Il lui avait semblé tantôt sincère, tantôt plutôt moqueur dans ses propos. Surtout lorsqu'il lui avait dit être étonné que ce soit tout ce qu'il ait trouvé de mieux à faire. Mais comment lui faire comprendre le drame véritable de sa vie ? Après son installation à Bawedi, chez ses parents, à Douala, il n'avait obtenu le moindre job et avait fini par penser n'être pas fait pour entrer et ressortir des bureaux auxquels des messieurs énormes derrières leur bureau sont de véritables bourreaux sans cœur d'une jeunesse contrainte à mendier un emploi. Pourtant, il avait constitué des dossiers. Mais ses nombreux dépôts s'étaient tous soldés par un échec qui à chaque fois lui est resté en travers de la gorge. Dans son for intérieur, légitimement, il voulait travailler, s'occuper à faire quelque chose d'intellectuel, être par exemple utile à la société après trois années d'Université. Toutefois, la vie pousse au réalisme. Échec après échec, il avait fini par comprendre que les portes de la fonction publique lui seront toujours fermées tant qu'il lui manquera un parapluie et des godasses. Pour qui connaît son pays, il était plutôt mal barré. Il était l'un des citoyens du monde vivant avec moins d'un dollar par jour et qui plus est dans un système extorquant les faibles et autres demandeurs d'emploi. Droits d'embauche obligent, peu importe le cursus scolaire. De plus en plus, on a l'impression que les nouveaux demandeurs d'emploi comme lui, gênent ceux qui font la loi dans le système, qui ne vont pas à la retraite et qui ne laissent pas la place au recrutement. Or le Cameroun dans la décennie quatre-vingt et dix avait connu ses années de braises sous des dirigeants victimes de réalisme tardif. Ces derniers ne sachant que faire de la masse toujours croissante de bacheliers et de licenciés aux portes de l'emploi. C'était l'époque où des opposants et autres mercenaires avaient lancé de nouveaux slogans greffés sur la brutale et complexe idée du changement. Depuis les campus, la récupération des réclamations estudiantines par les opposants au régime de Yaoundé, pour faire rompre le pouvoir en place, a eu lieu par la naissance du mouvement « *Cap Liberté* ». Mais le gouvernement que l'on croyait s'être essoufflé avait fait le choix de devenir, en plus, sourd et rigide pour remplir ses missions régaliennes. Il avait fait appel aux « *ninjas* », des agents cagoulés de la police nationale qui avaient pour mission de mater les soulèvements dans les campus. C'était à cette époque qu'il avait obtenu son baccalauréat pour l'université. Or l'État optait de diviser en quatre les salaires des enseignants qui à leur tour lançaient des semaines de craie morte. Ils emboîtaient ainsi le pas aux étudiants qui étaient sur celui d'amphi et de « Bic mort », tant que la bourse ne leur était pas restituée. L'accès aux Universités d'État était devenu payant. Une autre exclusion.

En 1993, devant la poussée de ses nouveaux instruits, le gouvernement s'est obligé à doter le pays de nouvelles infrastructures universitaires. Il fallait décanter la situation de la seule université de l'époque : Ngoa Ekele sur la colline du savoir. Récemment créée pour cette décongestion, l'université de Douala, où il s'était inscrit, ne ressemblait en rien à une grande école. Elle ne ressemblait pas à ces lieux où une bonne partie de l'intelligentsia de tout un peuple se ressourcerait. Pas de campus ni d'amphi. Elle s'appuyait sur l'École des Sciences Économiques et Sociales, l'ESSEC, pour exister et sur les lycées de la ville pour les travaux dirigés. Le gymnase de l'ESSEC était devenu un amphithéâtre improvisé. Pourtant, gouverner c'est prévoir. Prévoir contre une pareille exclusion. Celle-là même qui, amplifiée par le jeu des circonstances, le contraignit un jour à quitter l'Université comme un sportif de haut niveau sur qui repose l'espoir de tout un peuple essoufflé, sa famille, mais de qui malheureusement, il n'obtint que des paroles d'encouragement à la place des moyens appropriés qui seuls auront été capables de le pousser de l'avant dans cette université où le désordre était devenu vertu, où le rythme des cours était incontrôlable depuis la réforme de mille neuf cent quatre-vingt-treize qui avait vu le Cameroun entrer brusquement dans la décentralisation de son enseignement supérieur.

Comment faire comprendre à l'ami que tous les enfants du Cameroun ne sont pas passés dans les mêmes souffrances ? Que certains plus que d'autres ont vraiment souffert de cette décennie ? Qu'après six mois de villes mortes, de grèves de toutes sortes et de laisser-aller dans tous les domaines du pays, beaucoup de vies ont eu ou auront effectivement de la peine à se relever ? Ces années après mille neuf cent quatre-vingt-quatorze ? Il parle bien de la décennie qui laissa des traces dans toute l'Afrique ? Au Cameroun et ailleurs dans le continent, une jeunesse, des générations entières, seront sacrifiées à l'autel des libertés, à celui du dialogue social et à celui de la soif de changement. Pour gagner quoi à la fin ? Un peu plus de misère dans les rêves avortés. Le pays était sous la menace d'une guerre civile. Certainement l'adage qui demande au Cameroun « qui va tuer qui », c'est-à-dire quelle ethnie s'élèverait avec succès contre les deux cents et quelques autres, l'âme pacifique et la non négligeable maturité d'esprit des Camerounais sauveront beaucoup de vies. Justement au moment où l'espoir avait plutôt débouché à la brisure de l'avenir de certains, des familles entières, beaucoup de vies. Lorsque les poings jadis levés retombèrent devant la traîtrise des intérêts politiques égoïstes d'une poignée de politiciens qui ne surent en réalité quelle alternative proposer au peuple ayant cru à leur slogan et était descendu révolutionnaire dans la rue. Et le FMI qui entrait en jeu, et les années suivantes qui ne connaîtront plus le lancement de concours administratif. Tout ce qui avait été pour Muna un ras-le-bol de la puissance d'un assommoir. Lui qui était fatigué, entre deux cours, des pauses de quatre heures à passer sous un arbre, la faim dans le ventre, à somnoler sur le gazon du jardin universitaire parce que sa famille n'a pas pu lui offrir une chambre dans une des cités estudiantines environnantes, encore moins au campus établi dans les locaux de l'ESSEC. Une université dont les quelques chambres mises à la disposition des étudiants, contrairement à ce qui était officiellement prescrit, étaient obtenues au plus offrant ou selon le lien ombilical et affectif.

La conséquence majeure de tout ceci avait été sa prise de conscience, du poids que ses études faisaient peser sur les épaules de ses grandes cousines, certes très aisées, et qui au départ ont bien voulu lui donner une chance en le prenant avec elles, chacune à son tour, mais qui à la longue se désarmèrent sans qu'il sache trop pourquoi. Il était tout aussi devenu une charge pour sa grande sœur qui avait pris son cadet et lui sous sa responsabilité depuis la mort de leur maman. C'est elle qui paya avec leur père ses frais scolaires, en même temps qu'elle s'occupait de sa propre progéniture. C'est aussi chez elle qu'il était retourné passer avec succès son baccalauréat, à Garoua, à la grande satisfaction de toute la famille ayant en lui son premier bachelier. C'est elle qui paya ses droits universitaires jusqu'au jour où son pouvoir financier commença à battre de l'aile. Clairement conscient de ce qui lui arrivait, au lieu de continuer à se concentrer sur ses études, il s'était mis plutôt à ressasser dans sa mémoire les moments difficiles de son existence d'enfant trimballé d'une famille d'accueil à une autre. La conclusion était venue toute seule. Il lui faut trouver du travail.

Aurait-il donc pu supporter un parcours estudiantin tout le long duquel il fut diminué et manqua du minimum de tout étudiant ? Dans lequel il ne parvint pas toujours à photocopier les cours, à se nourrir normalement, à remplacer l'énergie dépensée ? Dans lequel il dut se résigner à arracher les feuilles de ses cahiers de Première et de Terminale qui n'avaient pas servi. Il en fallait pour recopier le cours magistral lorsque son oncle maternel manqua de lui ramener des feuilles de format A4 piqués dans son lieu de service. Comment aurait-il fait comprendre à cet ami que des nuits durant, il avait eu des cauchemars, qu'il s'était réveillé en sursaut parce que dans son sommeil des voix hurlaient que son futur serait trouble ? Que plusieurs fois, il avait pleuré dans le calme des appartements, en s'efforçant tout de même de faire bonne mine au réveil, de négocier la journée comme elle se présenterait ? Comment lui faire savoir que longtemps, il était allé à pied de la douche à Akwa pour l'université située à Ange Raphaël, quelque vingt-cinq kilomètres, soit cinquante kilomètres pour un aller-retour, voire plus encore lorsque après les cours, il y avait des Travaux Dirigés dans les locaux du Lycée Bilingue à Deido ? Comprendra-t-il qu'autant de pression fatigue, que tous ces facteurs épuisent et minent la volonté, qu'ils donnent l'envie d'être ailleurs lorsqu'on ne supporte plus ne pas pouvoir arriver tôt une seule fois en trois mois de marche à pied ? Et que « tôt » veut dire quatre heures du matin pour avoir une chance de suivre deux heures de cours assis, dans un gymnase de l'ESSEC sans micro et sans tableau, transformé en un amphi bondé à l'éclatement, ressemblant plutôt à une salle de cinéma de quartier où tout est permis. C'est-à-dire le non-respect des professeurs, le flirt des amoureux au fond de la salle, l'injure aux professeurs et les péchés mignons tels que le tabac, les baladeurs CD. Les filles qui sont insultées et se font siffler à l'entrée ?

Oui, pour tout cela avait-il pris la décision un matin, peut-être insensée, mais la seule qui s'imposa à son esprit affecté de ne plus retourner dans cette auberge espagnole une fois l'année terminée. Il avait trop de privations : pas d'argent pour photocopier les documents alors que la bibliothèque n'était seulement réservée qu'aux étudiants de l'ESSEC. Pas de frais de transport pour se rendre aux cours. Pas de cahier pour saisir le cours magistral, pas de concentration dans une maison où la télé et la musique sont reines, pas d'argent de poche pour subvenir à ses besoins immédiats. Et le ridicule de tout, c'est la somnolence sous un arbre entre deux cours, victime de l'incurie des gouvernants à rendre la nouvelle université viable pour l'étudiant.

Et que dire encore ? Qu'il lui a manqué des conseils de quelqu'un qui connaissait le milieu universitaire au moment où les services d'orientation académique et de prise en charge nécessaires aux nouveaux étudiants ne fonctionnaient plus. Hélas ! Il fut à cette époque le seul de sa vaste famille parvenu à ce niveau. Peut-être fut-il incompris pour cela aussi. Personne n'avait su que faire de ses besoins d'étudiant. Personne n'avait compris que beaucoup de sacrifices devraient être accomplis par les uns et les autres pour lui permettre de devenir une des élites qui feraient la fierté de la famille. Ou de lui permettre tout simplement de faire son bonhomme de chemin. Avec du recul, il était convaincu aujourd'hui que beaucoup avaient eu quelque mauvaise foi à la fin. Puisque l'effort commun aurait sauvé son parcours estudiantin. À l'opposé des nouveaux étudiants de la famille qui aujourd'hui jouissent de tout, voire du luxe insoupçonné pour un étudiant, lui, à cette époque, avait ressenti un grand vide tout autour de lui. L'État démissionnait chaque jour un peu plus,

l'université nouvellement créée était dans le chaos, la famille montrait ses li-
mites.

Muna secoua la tête en reconsidérant ces moments pénibles de sa vie dont le
passage de l'ami avait ravivé la mémoire. Et dire qu'il s'était dévoué aux
études en supportant trois années de cette galère. Les plus difficiles années
de ses études. Lui, le garçon surdoué qui eut la bénédiction de plus d'un éta-
blissement sérieux, où les effectifs maximum par classe étaient arrêtés à vingt-
cinq élèves avait supporté trois années dans ce chaos. Mais peut-on réussir
loin d'une volonté réelle qui se battrait, qui soutiendrait, qui tendrait à rendre
la tâche moins ardue ? À rendre l'effort personnel sur le terrain utile, qui don-
nerait à l'homme une chance réelle et sérieuse pour la réussite, loin de cette
seule fierté d'appartenance ? Peut-on réussir loin d'une volonté politique ef-
ficiente de faire des jeunes ce fer de lance de la nation dont on sait seul capable de prendre la bonne relève ? Ni le public, ni le privé, n'ont eu besoin
de lui.

Il y eut aussi ce jour où il a revu Tchang la chinoise. Une fille de l'ethnie Bassa
avec qui il a fait la classe de seconde à Douala. Il avait pris l'habitude de
l'appeler la chinoise parce que non seulement son nom sonnait asiatique, mais
elle avait des yeux trop bridés pour une Africaine. Très tôt dans cette classe
de seconde, ils étaient devenus inséparables. On les voyait toujours ensemble,
marchant côte à côte et parfois se tenant la main à la sortie des classes. Muna
se souvenait qu'ils s'étaient embrassés pour la première fois dans un couloir
vide aux heures du cours d'E.P.S. Aujourd'hui, il est toujours convaincu qu'ils
seraient allés plus loin, s'il n'avait été tétanisé par son manque flagrant d'expérience et sa timidité qu'il n'avait pu dompter que tard dans sa vie. À présent,
avec du recul, il se mettait à penser qu'il aurait pu l'inviter chez ses parents à
Bawedi. Une maison qui pissait de son toit les jours de pluie, qui n'avait pas
de plafond et dont le sol en terre battue faisait la boue lorsque tout le quartier
avait été inondé. Une maison dans laquelle l'on vous voyait depuis le dehors,
à travers des planches mal ajustées, tracées par plusieurs montées et descentes
des eaux. Des planches pourries qui perdaient des clous à chaque rafale. Une
maison dans laquelle l'après-midi, lorsqu'il faisait chaud, ses vieilles tôles de
deux générations, trouées par endroit, laissaient passer des rayons de soleil
qui vous donnent en dessous l'impression d'avoir du chauffage sous les tropiques.

Il aurait pu l'inviter ! Mais aurait-il pu l'inviter dans ce quartier où foisonnent les moustiques à toutes les heures de la journée, qui vous rappellent fièrement dans les tympans que le quartier, leur jungle, est un immense territoire dont les conditions de délabrement et d'insalubrité leur permettent chaque jour de se reproduire sans rien craindre ? Non ! Muna n'avait tout simplement pas eu le courage de l'inviter dans ces conditions. Il n'avait pas voulu qu'elle sache que le brillant élève qu'il était vivait dans un ghetto. C'était plus simple au collège où tout le monde était confondu dans la tenue qui masque bien la différence sociale.

La première fois qu'il avait aperçu Tchang la chinoise au marché du Mfoundi, il sortait du marché Mokolo avec son sac de friperies sur la tête. Il l'avait ignorée, en retenant son souffle, ne sachant que faire alors qu'elle n'était qu'à quelques pas de lui. Elle était encore plus belle dans sa majorité. Sa belle peau ne laissait personne indifférente, surtout pas les sauveteurs qui l'avaient sifflé pour dire leur admiration. Il avait reçu un choc devant le mètre soixante et quinze de la gonzesse de ses quinze ans. La seconde fois, il n'avait non plus eu le courage de s'arrêter. Elle attendait un taxi alors qu'il pénétrait le marché par le pont de la gare autour de seize heures, les polos emballés sur la tête. Elle devait habiter le coin. Un soir, alors qu'il criait à tue-tête « T-shirts, polos ! », il leva la tête et se trouva nez à nez avec Tchang la Chinoise. Elle avait l'air très décontracté, une gamine d'à peine deux ans disparaissant entre ses deux belles jambes.

— Je n'aurais jamais cru te revoir.

— Notamment pas dans ces conditions.

— Oh ! Tu sais, la condition ne compte pas beaucoup. J'ai longtemps prié le Seigneur de te remettre sur mon chemin. Il m'a semblé t'avoir vu un jour vers le pont, mais j'étais très pressée…

Pendant une demi-heure de conversation, Muna oubliera sa marchandise. Il apprendra qu'elle loge chez sa tante quelque part dans le coin, le temps de connaître les résultats du concours de police. Ils avaient quelque chose en commun. Il avait présenté celui d'officier et elle, celui de commissaire. Quelques semaines plus tard tombaient les résultats. Tchang devenait élève commissaire de police tandis que Muna n'était pas admis. Ainsi allait le monde tout simplement. Sa franche simplicité avait pris Muna de court, lui permettant de comprendre qu'il se complique lui-même la vie. Tchang revenait toujours le voir, s'asseyait à ses côtés, lui tenait longuement compagnie malgré la canicule. Elle ne lui cachait pas ses rêves et ses ambitions, l'encourageait à se représenter l'année suivante. Elle lui promettait même d'être toujours là, de pouvoir compter sur elle. Sans doute, celle-ci l'aimait toujours, quelque part, ou d'une certaine manière. Un an après les résultats, alors que plusieurs fois, elle vint le voir en treillis à la stupeur de tous les sauveteurs, Muna apprenait sa mort brutale des suites d'un arrêt cardiaque en formation. Elle s'était effondrée dans la cantine de l'école de police lors du déjeuner. Un drame de plus qui marquera à jamais sa vie.

5

Dans sa deuxième année, Muna était devenu populaire au marché du Mfoundi. Les femmes qui faisaient le marché et certaines jeunes filles étaient en admiration sur sa façon de marchander, sur sa manière très particulière de haranguer les foules. Plusieurs personnes avaient même tissé des liens d'abonnement tacites avec lui. Avec celles-là, plus le nombre de polos achetés était croissant aussi baissait-il les prix de vingt-cinq Francs CFA par pièce. Il avait aussi d'autres manières de les attirer, comme offrir un t-shirt gratuit à celui qui en prenait dix d'un coup. Dix, la quantité qui attirait, ou cinq, celle qui faisait acheter la pièce à quatre cent cinquante Francs CFA. À tue-tête, chaque jour, il criait sa promo à tous.

— T-shirts polos, venez ramasser les vôtres à de bons prix…

Tout le monde dans le marché l'appelait à présent « *T-shirt-Polos* ». On avait presque oublié Kamga. À la longue, la nouvelle politique commerciale lui permettait de vite écouler sa marchandise et de gagner en temps. Au lieu d'y passer toute la journée, il lui fallait à présent moins de trois heures pour tout écouler et passer à autre chose.

Cette autre chose justement était son retour sur son comptoir de Nkol-Éwoué. Il avait longuement mûri cette idée en se privant de bientôt tout. Il avait économisé le maigre sou qu'il gagnait. Il aurait pu y parvenir plus tôt si Awara ne le déplumait pas à tout vent. Il avait marre du goudron brûlant, du soleil qui lui chauffe le crâne et la peau en y laissant des marques. Il avait marre des odeurs nauséabondes de toutes sortes de pourritures dans les poubelles toujours débordées. Pour y arriver, il s'était privé de tout ce dont a besoin un garçon de son âge, voire du nécessaire de tout homme. Les sorties, les amis, les copines, les fringues, les livres, la télé et le foot. Mais ses efforts vont payer. À quatre mois de la nouvelle année, il fit son entrée à Nkol-Éwoué, au milieu des cris de joie et des retrouvailles, comme avaient eu droit Mma Annette et Haminou à une époque.

— Il est revenu le terrible Muna. Tu es parti croyant t'être débarrassé de nous, mais finalement, tu as compris que ta place est parmi nous.

Drôle n'est-ce pas ? Il n'aurait pensé avoir pareil accueil de Théo et des autres trois ans auparavant. Il était content de revenir. Quoique sa première impression fût que beaucoup de choses n'avaient pas changé en bien, voire qu'elles soient allées de mal en pis. Il s'était habitué au brouhaha des grands marchés, à la foule, à vendre toutes les minutes même si le bénéfice était mince, à la criée. Le marché de Nkol-Éwoué était plutôt calme avec ses journées mornes. Il ressemblait à une prison, à une fosse qui laisse chacun soupçonner sa nature exacte, d'où malheureusement se desservent les années et les espoirs de ceux qui n'ont plus rien à perdre. De ceux qui, peut-être, n'ont jamais eu quelque chose à perdre. Si oui, le temps de leur jeunesse et un peu de leur dignité. La vieille habitude de commenter des futilités pour fuir le train-train quotidien ne les a pas quittés. Ce qui avait décidé Muna à y retourner n'était pas qu'il put y avoir plus de bénéfice. Il craignait pour sa santé. Le soleil et les bruits lui avaient assez donné le mal de crâne. Il s'était dit que maintenant qu'il pouvait faire une bonne récolte au champ, il pourrait vendre au comptoir et sûrement faire mieux qu'avant. Il avait décidé de changer de catégorie au marché Mokolo. Il reprendrait le combat comme rebondeur. Il achètera le polo à cinq cents Francs CFA et l'installera dans son comptoir. Lorsqu'il réussira à avoir d'un trieur un bon t-shirt, celui dont ce dernier aura mal jugé à son avantage, il lui sera toujours possible de le revendre avec mille Francs CFA de bénéfice.

Les prix au comptoir dépassèrent rapidement ses espérances. Ils naviguèrent entre sept cents et mille cinq cents Francs CFA malgré la lenteur des ventes. Enfin du jus ! Pour plus d'eau, il se mit à tendre des mains de plus belle avec une énergie centuplée au marché Mokolo. Il savait que lorsque les siennes hésiteraient un seul instant, celles des autres *rebondeurs* récupéreraient très vite la pièce pour ne juger qu'à la fin du déballage. Ces habitués très remuants avaient leur chanson : « *Alino, donne-moi si tu ne prends pas… C'est une petite taille… Regardes Alino, le col est tout fini, il est fatigué, je vais aller changer… Adamou, la couleur est partie, toi-même, vois* ». Toutes les bouches sortaient presque les mêmes phrases. Alino donnait par-ci, par-là, contentait un tel et séchait un tel autre. Il y a toujours entre le trieur et les rebondeurs du cercle une sorte de complicité qui fait que ces derniers reçoivent du vrai deuxième choix tandis que les autres se retrouvent facilement avec du n'importe quoi. Il avait à présent du métier et ne se faisait plus avoir. Petit à petit, il avait su intégrer le groupe très fermé des *rebondeurs* sur qui les déballeurs comptaient.

Lorsque les fers scellant les ballots étaient coupés et la bâche de dessus ôtée, une horde de fourmis se saisissait des bouts de tissus que chacun disait avoir choisi dans le cas où le trieur ne le retenait pas à son compte. Les polos étaient « *réservés* » selon leurs couleurs, le nom des tissus, leur modèle ou par la marque visible à un bout du ballot. Et l'on les entendait, comme dans une bourse, se démêler à avoir quelque chose : « *Moussa voilà mon polo Afrika, au cas où tu ne prends pas… Voici ma bleue… J'ai pointé le col roulé blanc et le t-shirt-ci… J'ai pointé ça, avant lui !* ». C'était toujours ainsi. On se bousculait pour chaque pièce levée et pour rien du tout, aussi. Lorsqu'on avait choisi une pièce, et que par la suite, on ne la jugeait pas bonne, elle était jetée aux pieds du chauffeur, dans le troisième. Pendant le déballage, l'on prenait plusieurs pièces, mais seules celles que l'on a jugées bonnes seront gardées. Chaque déballeur avait ses vigiles. Des hommes qui se mettent tout autour des rebondeurs afin de surprendre un éventuel voleur, dans un détournement déroutant comme seuls savent en faire les délinquants déguisés en rebondeurs. Ces derniers étaient capables d'embrouiller tout le monde, de faire d'une manière des plus simples un « vol rugby ». L'un d'entre eux prend des polos au fur et à mesure qu'ils lui en tombent dans les mains et les passe tranquillement derrière lui à un autre. Ce dernier qui les récupère entre ses jambes, pour les balancer à son tour à un complice placé en retrait. C'est ainsi qu'en quelques secondes, le polo s'éloignera du lieu de déballage. Certains, incroyables que cela puisse être, ont assez de courage pour en cacher deux sous leur gros pull et disparaître. Cependant, malgré toute l'ingéniosité de ces badauds, les cas de vol étaient toujours signalés. Le voleur qui se faisait prendre était hué, déshabillé et bastonné par une masse folle qui criait à la justice populaire.

S'il avait accédé au cercle très fermé de certains trieurs et déballeurs, beaucoup d'autres rebondeurs ne tarissaient toujours pas d'animosité contre lui. Même pour rien, ceux-ci tiraient toutes les cordes pour qu'aucune pièce ne lui revienne. Tout comptait pour avoir une bonne marchandise : la bonne entente avec le déballeur et avec le trieur, la sympathie et la confiance qu'il faut toujours sauvegarder. Mais aussi, la position aux côtés du trieur lors du déballage. Il faut avoir les pieds solides sur terre pour ne pas sortir du premier cercle par un coup de coude. Il faut aussi avoir la capacité d'analyser un ballot et un t-shirt sans utiliser le toucher. Les pièges à éviter sont nombreux. Il faut savoir, par exemple, que certaines pièces demandent plus de traitement que d'autres ; qu'envisager le pressing, c'est vendre à perte, car « on ne met pas de l'argent dans l'argent », selon l'adage du milieu. Et ce dernier point fut son erreur des débuts, alors qu'il perdait son temps à travailler sur les vêtements de son ballot.

C'est après avoir ratissé tout le marché depuis cinq heures du matin, allant d'un déballage à un autre, luttant ici et se bagarrant là-bas, amassant autant qu'il en pouvait, qu'il prenait un taxi autour de neuf heures du matin pour le marché Mvog-Ada. Le jeune homme n'avait pas autant d'argent que ses voisins qui tournaient avec un capital consolidé à chaque saison de récolte de café et de cacao par des parents restés au village. Cependant, il s'entêtait à continuer parce qu'il le fallait. Au Cameroun, on dit que « *mouillé, c'est mouillé* » et « *qu'il n'y a pas de mouillé sec* ». C'est avec plaisir qu'il constatera gagner au-delà de ses espérances à Mvog-Ada. 80 % de la clientèle du marché de Nkol-Éwoué sont constitués de pauvres ne pouvant acheter cher, ne voulant pas un vêtement pour une soirée de gala, mais plutôt pour cacher la pauvreté et couvrir la nudité. Tous les trois quartiers qui entourent ce marché sont de véritables nids populeux dans lesquels croupissent des familles de démunis. Muna trouvait même que cela n'était pas bête de vendre pour ceux qui, tout le long des chemins de leur dignité, ne se battent que pour leur ventre et ont pour second souci celui de convaincre le voisin ou l'ami, qui vit pourtant dans la même galère, de ne pas vivre la même souffrance.

Il avait également compris qu'en vendant au prix qui va avec la bourse de ces messieurs et dames, il vendrait vite. En toute évidence, leur prix pour un t-shirt ne tournait qu'autour d'une feuille. Un billet de mille Francs CFA. Rares sont ceux qui allaient jusqu'à quinze pièces. Mille cinq cents Francs CFA. Pour une fois, il avait trouvé quelques stratégies pour s'en sortir. Planifiant toujours chacune de ses journées, il se faisait violence en ne dépassant pas mille deux cents Francs CFA de dépense journalière. Il avait initié une cotisation de voisins de quartier, à Mimboman. Deux mille Francs CFA chaque dimanche. Ensuite, ce fut celle de dix mille Francs CFA tous les mois. Au marché, il s'était affilié à une autre de cinq cents Francs CFA chaque jour, organisée par la vendeuse de lait. La première donnait trente mille Francs CFA à remettre chaque dimanche à l'un d'entre eux. Tandis que la deuxième donnait cent vingt mille Francs CFA que gagnait un membre tous les cinq du mois. Financièrement, il pensait respirer un bon coup après de gros efforts et de sacrifices énormes. Mais lorsque le marché commença à subir un brusque ralentissement d'activités, il lui devint de plus en plus difficile d'honorer à ses engagements. Comme affaire *nkap,* affaire argent, est très sérieux, il s'obligea à emprunter à gauche et à droite. Les tontines qualifient cela d'économie forcée.

À la maison de Mimboman, la tension avait augmenté. La corde tendue raide était presque cassée. Au fur et à mesure que les jours s'écoulaient, le désir de Muna de partir devenait de plus en plus cuisant. Il voulait fuir l'étreinte familiale qui tue sa personnalité et ne respecte ni sa liberté, ni ses droits individuels. Il voulait s'échapper de la dictature qui range tout le monde dans la même catégorie. De celle ramenant la considération qui devrait lui être due, celle de grand garçon, de l'oncle des neveux, de beau-frère, au niveau de celle des plus petits. Il était convaincu qu'il devrait partir au plus vite, avant que le feu ne vienne aux poudres, ou que tout ne soit goutte d'eau débordante. Cependant, il était coincé une fois encore. Il lui fallait prendre des dispositions nécessaires avant d'aller en location, parce qu'il lui faudrait au moins un lit dans lequel dormir, un réchaud pour faire sa cuisson. Tout ceci, après avoir versé une avance sur loyer de trois mois, au moins, selon les pratiques du pays. Toutes les cotisations étaient programmées pour la fin de l'année. Même s'il se résolvait à partir maintenant, il n'aura aucun kit de survie.

C'est un peu à cette époque qu'il fît la connaissance, via une voisine, d'une jeune fille avec qui il va sortir pendant huit mois. Marles, une belle métisse qui donnait l'apparence d'être amoureuse de lui. Cependant, à cause de tout ce qu'il avait commencé à vivre, il avait de moins en moins la disponibilité d'esprit de consacrer quelques bouts de son temps à quelqu'un d'autre. Déjà, comme à son habitude, sa grande sœur n'avait montré aucune sympathie pour elle. Rien que de l'animosité du côté de son beau-frère qui, dès leurs premiers échanges, traita son langage décomplexé et direct d'insolent. Mais Muna était habitué, il avait plus de vingt-cinq ans et jamais une de ses amies n'avait été acceptée, ni par sa sœur très influencée par son mari, ni par ce dernier qui aurait bien aimé castrer tout le monde, et cela, sans aucun à priori religieux ! L'avis de ce dernier l'importait peu. Ce qui le peinait un tant soit peu, c'est le comportement ringard de sa sœur. Il avait du mal à croire qu'ils avaient tous deux vécus dans le même domicile parental, comme frère et sœur ; qu'il l'avait vu faire des choses, mais s'était tu, comme se taisent tous les bons petits frères. Des choses que les parents n'auraient jamais tolérées sous leur toit. C'était aussi cela la vie.

Muna n'avait pas assez d'énergie pour se donner à fond dans une relation amoureuse, malgré ses besoins affectifs. Il était trop préoccupé à donner un sens à sa vie. Contrairement à elle, qui disait ne pas faire de plan dans la sienne. Elle disait vivre chaque jour comme il se présente à elle.

Il avait ouvert un compte à la poste, au moment où tout semblait bien aller pour lui. Il y déposait de temps à autre ce qu'il pouvait. Mais la sécheresse qui gagnait le marché, chaque jour, l'avait obligé à y aller tout retirer. Jour après jour, le marché devenait dur. Celui qui réussissait à ôter le « sans-dame » était un béni des dieux. La cotisation de cinq cents Francs CFA ne suffisait plus à rétablir les équilibres, comme si quelques forces malfaisantes suçaient le jus des efforts et vidaient les bourses. Il avait abandonné les emprunts avec délais de paiement très courts. Ce genre d'emprunts n'était pas efficace. Les retards de remboursement changeaient le prêt en crédit, ensuite en dette, puis en gêne et enfin en casse-tête, sans qu'il sache comment tout ceci se faisait. Les invendus s'amoncelaient sous le soleil, la poussière, la pluie et la boue qui les rendaient bons pour le lancement sans valeur ajoutée. Aucune parade possible contre cela. Il était conscient d'avoir remis l'argent de sa cotisation, après celle de l'épargne postale, dans la friperie, sans pour autant être sorti du tunnel. Il lui fallait trouver une solution avant la noyade.

Son cas n'était pas isolé. Ceux qui savaient comment ce milieu fonctionne le trouveraient même malin d'avoir tenu jusqu'ici, sans un secours extérieur, alors même que le marché, tous les jours, se vide de ses vendeurs, qu'y tombent les baobabs chaque jour, que beaucoup parmi eux avaient préféré aller commercer dans des marchés un peu plus fréquentés, tels ceux de Elig Ed-zoa, Essos ou Mvog-Mbi. Depuis quelque temps, son marché fantôme exhibait un peu plus ses os de lattes dénudées. Sans l'impôt libératoire que vient y chercher la mairie, l'on aurait cru à l'abandon d'un marché pour non-rentabilité.

Vers le troisième semestre de l'année, son comptoir commença à présenter à nouveau des signes d'essoufflement. Seuls quelques t-shirts y étaient encore exposés. Pour tenir dans ses cotisations, il se mit à vendre des vêtements de sa propre penderie, ses ceintures et même ses chaussettes de marque. Malgré lui, il commençait à taper quelques billets à sa copine. À l'entrée du dernier semestre de l'année, son argent était celui des autres. Il tournait sans capital. Un peu partout, à chacun son tour, il fallait rembourser des dettes, au fur et à mesure qu'il tourne. Il avait réussi à imposer la paie après-vente des marchandises prises, en devenant avec réussite sa propre garantie, d'autant plus que la confiance qu'avaient en lui ses créanciers était restée entière. Personne ne se plaignait de lui, même pas à Mokolo où l'on était très méfiant. Muna était non seulement convaincant lorsqu'il voulait de la marchandise, mais en plus, il était intègre et honnête. Ces qualités firent des miracles après celles que le Seigneur opère autour de lui et tout le long de ses journées difficiles. Il ne chômait pas. Petit à petit, il se mit à prendre autre chose que la marchandise habituelle pour joindre les deux bouts.

Au mois de septembre, avec deux mois non honorés de retranchés, il prit une de ses cotisations qui lui donna cent mille Francs CFA. Laissant ses projets de côtés, il remboursa quelques dettes et avança pour une nouvelle paire de baskets, en remplacement de la vendue. Il injecta aussi le comptoir de sang neuf, après plus de quatre mois d'anémie. Les fêtes de fin d'année approchaient à grands pas. Elles devront décider de son projet de déménagement qui, évidemment, avait subi un grand retard. Quoique tout l'argent attendu ait été utilisé pour d'autres fins, il n'avait pas baissé les bras. Son corps, son cœur et son esprit lui disaient de partir.

L'autre corde à son arc vint de Marles qui aussi était membre de la cotisation de dix mille Francs CFA du quartier. Au moment où approcha son tour d'encaisser, elle voyagea pour l'est du pays afin d'y passer les fêtes de fin d'années en famille. Ce faisant, elle chargea Muna d'encaisser à sa place.

La fin d'année vint donc avec la fièvre des fêtes qu'attendent tous les commerçants. Il s'était beaucoup remplumé avec l'argent de Marles. En plus, il avait fait un voyage d'une semaine au nord du pays où il était allé laisser un de ses neveux pour les congés de fin d'année à Garoua, chez son autre grande sœur rentrée d'Europe. Là-bas, il avait ramené un peu de pactole et un joli téléphone portable que lui a fait parvenir son grand frère, depuis Paris. Il fixa donc son départ pour la première semaine de janvier, avec espoir que la fin d'année lui procurerait le nouvel élan escompté. Il se rendait à pied au marché, faisait de même à son retour, guettant la moindre plaque de chambre à louer, pénétrant les quartiers en s'informant auprès des habitants. Il était plutôt facile à Yaoundé de trouver un deux-pièces qu'une chambre. Il avait laissé le mot partout, chez des amis du marché et chez certaines connaissances. Il avait même associé les clients à l'exercice. De bouche à oreilles, tout le monde était mobilisé pour caser l'*asso* ou l'ami. Or, les jours de décembre ne signalent pas toujours de bonnes nouvelles. Il ne lui était toujours pas facile de concilier la marche dans les quartiers, la fatigue et la recherche du pain quotidien. Dans le souci de ne surprendre personne, un matin, il mit sa sœur au courant de son projet de déménagement. Le soir même, tout se pourrira entre eux. Rentrée de la réunion vers vingt heures, avec de bonnes doses d'alcool dans les veines, elle en profitera pour déverser toute sa bile sur lui. Elle le traita de tous les mots dégradants du dictionnaire français et de la langue Duala. De tous les maux. Elle mâcha et recracha au sol sa personne pendant des heures. Sur un ton accusateur, elle le traita d'irrespectueux, d'insoumis ! Voilà ce qu'il était. Un très mauvais exemple pour ses enfants.

— Toi, un pauvre machin qui ne serait jamais devenu un homme, sans moi.

Elle tapa et retapa sa poitrine de sa paume de main pour se donner du poids dans une démonstration de puissance, criant haut et fort d'être l'aéroport où tous les avions, même ceux des terroristes, devront un jour atterrir. Elle se tapait de plus belle la poitrine en lui faisant comprendre être l'« *alpha* » et l'« *oméga* ». En sueur et à bout de souffle, elle termina le rabaissement d'une autre entité humaine, en défi. Elle disait aimer voir jusqu'où irait Muna, sans son aide à elle ; jusqu'où ira-t-il une fois dans la rue. Durant tout ce temps, Muna était resté calme, cherchant dans sa tête quand il leur avait manqué de respect. Ce qui le révoltait intérieurement, c'est cette manière qu'avait sa sœur de citer à chaque moment de colère ou de désaccord tout ce qu'elle avait fait pour son petit frère et lui jusqu'ici. Depuis la mort de leur maman. Il était tout étonné qu'elle le traita d'insolent, alors que jusqu'à ce jour, il n'avait pas eu droit à une opinion contraire, ni à aucun respect de la part de son mari et elle. Il était étonné que son besoin de se retrouver, de faire son propre chemin, à son âge, fasse encore problème pour elle. Malgré l'effort inutile de se faire entendre cette nuit-là, il s'était levé de son siège, déçu, le cou roide, les yeux brouillés, la tête pleine. Alors qu'il arpentait un couloir, ragaillardie par l'arrivée de son mari, sa sœur lui balança qu'il pouvait même se barrer dès demain, qu'il n'avait qu'à faire son sac la nuit même.

Tout le reste du temps avant son déménagement, elle ne lui adressera plus la parole et ne répondra non plus à son bonjour. Son mari fera de même. C'était clair que la corde était cassée. Moins d'une semaine après cette nuit-là, de retour à peine du marché, fatigué et embêté de n'avoir pas encore trouvé de chambre, le fils aîné au couple, tout gêné, vint lui annoncer la chose. Son papa lui demande de quitter sa maison. Et ceci dès la première semaine du mois. Et, « *pas un jour de plus* ». Dès le matin même, il centupla ses efforts à la recherche d'un lieu où se caser. Il était fatigué des regards qui jaugent et qui remplacent les mots durs, des gestes qui savent trop parler, des attitudes qui savent vous dire que l'on espère que vous avez déjà trouvé un local. Il avait marre de faux gestes et de paroles déplacées qui n'avaient rien d'un lapsus. Il perdait chaque jour du poids et le goût de vivre. Il avait des insomnies et se sentait mal dans sa peau. De plus en plus, il avait des cauchemars dans la nuit, comme si tous les démons longtemps enfouis en lui, se réveillaient pour l'assaillir dans le calme des appartements. Il se réveillait très souvent la nuit et s'adossait sur le chevet du lit qu'il partageait avec un de ses neveux, se recroquevillait pour implorer le Seigneur de lui ouvrir sa voie du bonheur. La porte qui fera sa vie.

Pour Muna, beaucoup de fêtes de fin d'années ont été amères et teintes d'injustice depuis son jeune âge. Il se souvint de plusieurs, lorsque celles de l'année en cours se pointèrent et qu'il les passa plutôt mal. Elles furent sèches et pleines de ciguë. Il avait été seul au milieu de la grande famille, pensif dans un coin, alors même que le monde entier était en fête. Comme toujours depuis son jeune âge, le soir du vingt-cinq décembre, il parla longuement à ses amis les étoiles et supplia son Dieu, de ne pas le punir, de ne pas se retourner contre lui. Après sa prière, sa position fut claire dans sa tête. Il devait cesser d'être une victime. Jamais plus, il ne pleurerait des suites de coups reçus ! Maintenant qu'il avait décidé de s'attaquer à la vie, seul et sans personne, il faudra être fort et sauter le pas, malgré la peur du vide. Avec sa petite amie, tout était dans les igloos. Elle s'était lassée du gros manque de communication qui l'avait gagné, du climat malsain qui sévissait entre lui, sa famille et elle. Mais plus encore, personne ne pouvait plus trouver quelques bouts en lui pour tisser le dialogue. Il semblait être tétanisé par la peur qu'ont tous ceux qui se mettent réellement face à leur destin individuel, dans le combat pour la vie et contre le temps. Avant cette vie, il vivait avec les autres, par rapport à eux, en famille, et ne s'était senti seul que par rapport à sa compréhension du monde. Dans l'explication de celle-ci, tout au fond de son intellectuel et de plus en plus de ses attentes. Jamais, il ne s'était senti aussi seul que maintenant qu'il avait pris la décision de ne plus vivre que pour lui-même, d'abord, dans le « *aime ton prochain comme* » et non « plus que » toi-même. Il était seul au monde, consolé en l'idée que beaucoup avant lui avaient à peine vingt-cinq ans en partant de chez eux et n'étaient pas morts en chemin. Plus jeunes encore, ses quatre grands frères s'étaient lancés dans l'aventure européenne. Peu importe ce que sont devenues leurs vies, ils sont autonomes, ils sont en vie. Avant d'avoir son téléphone portable, Il n'avait eu de leurs nouvelles qu'une fois ou deux par an. Avec le portable, c'est beaucoup plus facile, quoique la minute d'appel soit à deux mille cinq cents Francs CFA. Voyons ! Des plus jeunes que lui louent et sont plus ou moins heureux dans leur petite chambre, avec leurs copines qui leur font de petits plats de temps à autre.

Lorsqu'au soir du trente décembre il alla se coucher, il savait se retrouver demain sur Douala, auprès de son vieux père et de son petit frère à qui il avait des choses à raconter, car il était sûr que le Jour de l'An allait le trouver dans un nouveau lieu. Faute de chambre, il avait payé trois mois de loyer pour un deux-pièces situé à moins de deux kilomètres du lieu où était établie sa grande sœur.

Arrivé sur Douala comme prévu, il s'entretint longuement avec son jeune frère et informa son papa de sa décision de prendre un peu d'air. Lorsqu'il lui demandait si tout allait bien entre la grande sœur et lui, il répondait que oui, en s'arrangeant à chaque fois d'éviter des sujets qui mettront la puce à son oreille. Dès son retour sur Yaoundé au Jour de l'An, il mit toutes ses affaires dans un sac de sport. Pas grand-chose : quelques vêtements qui lui restaient encore, ses livres de poche, deux paires de chaussures, souvenirs du grand frère de Paris. Il dira à quiconque s'intéresserait à sa petite vie, s'il réussissait un jour à intéresser les humains, qu'il l'a réellement commencé le Jour de l'An deux mille. Son sac de vêtements à une épaule à la Rambo et la sacoche contenant sa guitare sur une main à la Desperado, il quittera ainsi la maison qui longtemps l'avait abrité. Ce fut pourtant un bel après-midi. Sa sœur n'avait pas répondu à son au revoir, lorsqu'il alla prendre un *Opèp* accompagné de ses neveux. Mais il s'y attendait. Chaque nouveau jour avait été plus dur à supporter que le précédent. Une fois dehors, il s'emplit pleinement les poumons d'air bienfaisant, qu'il renvoya ensuite tout doucement, longue-ment, les yeux dans le ciel. Était-ce cela le goût de la liberté ?

Son studio était à l'entrée de Mimboman Dispensaire, avant le Terminus de la ligne treize. Sa porte était à quinze mètres seulement de la seule route re-liant le coin qu'il venait de quitter à la ville. Cela lui convenait énormément. Lorsqu'à la fin du mois de décembre, il était venu conclure le bail, la propriétaire lui avait promis rendre le studio habitable avant son entrée. Or l'endroit est resté tel qu'il l'avait laissé. Un logis dans lequel étaient amoncelés des morceaux entiers de vieux et poussiéreux contre-plaqués dont elle s'était ser-vie pour ressortir la deuxième pièce du local, à partir de sa salle à manger. Il n'avait pas de choix. Il déposa le sac de sport sur le sol cimenté et se mit immédiatement au travail. Il s'activa deux heures durant à tout mettre dehors, à tout dépoussiérer, à laver le sol de la cuisine commune, qui n'était pas très propre. Pour survivre, son bailleur avait tout simplement divisé sa vaste salle à manger en deux, réalisant ainsi un studio comprenant la partie scindée de la salle à manger et la chambre de son fils unique qui avait quitté la maison. Une porte lui donnant une autonomie d'accès à l'extérieur devrait être faite. Mais pour le moment, pour se rendre hors du studio, il lui fallait passer par la cuisine, traverser la salle à manger de madame pour atteindre la porte de sortie.

Au bout de ces deux heures de rangement, il admira les lieux qui avaient changé. Il était le premier locataire depuis la levée d'ancre du fils de madame. Le plafond et les vitres de la large fenêtre de sa chambre étaient beaux à voir. Seuls les murs de son salon n'étaient pas peints pour l'instant. Après ce net-toyage, il décida d'aller en ville s'acheter un matelas. Il l'obtint d'une épaisseur de vingt centimètres à trente-cinq mille Francs CFA et il s'offrit en plus une paire d'oreillers décorés à l'africaine. Arrivé chez lui, il déposa le matelas dans un coin de la chambre, à l'opposé de sa guitare. Pour cette première nuit, il dormira sans drap.

Assis sur son matelas, fatigué par l'émotion et le boulot de rangement qu'il avait sous-estimé, les pieds nus sur le sol glacé, son bailleur l'appela depuis la cuisine commune. Il était absorbé dans ses pensées, mais serein et fier d'avoir enfin osé. C'était une dame d'une cinquantaine d'années qui fuyait la vieillesse à grand effort d'application de masque facial.

— Mon fils, c'est la fin d'année. Bien que je vive toute seule, j'ai quand même fait un peu de mets de pistache. Tiens, c'est pour toi et bonne année !

La première personne à lui souhaiter bonne année sur Yaoundé. Bonne année ! Le vœu qu'il espérait devoir réaliser. Il avait saisi des deux mains le plat de pistache aux bâtons de manioc coupés en quart et avait remercié la dame, tout en lui souhaitant en retour de passer une bonne année. Revenu dans sa chambre, il ressentit la chaleur envahir son corps. Assis tout à l'heure sur son matelas, il se demandait justement ce qu'il allait manger un Jour de l'An. Dans ses poches, il n'avait que deux cent soixante-quinze Francs CFA. Tout était fini : le loyer pour trois mois, le matelas, les oreillers, le transport Yaoundé-Douala-Yaoundé, les achats de fête pour son petit frère et son papa, sans oublier le plein de son comptoir qu'il avait opéré. Son seul garde-fou.

Il avait quatre-vingt-dix jours pour se trouver une chambre de dix mille Francs CFA. En mangeant, il se rappela que depuis le 31 décembre, il s'était contenté de pains chargés au beurre. Dieu seul sait le symbole du mets de pistache pour le peuple Sawa. C'était la première fois que Muna avait le chez-soi. Jamais jusqu'ici, il ne se souvient avoir eu son coin à lui. Il avait toujours partagé la chambre avec des frères, des cousins ou des neveux. Il y avait bien des chambres chez son père, mais il n'y a jamais vécu depuis qu'il était devenu grand garçon. Heureux d'être là, il arpentait tout l'espace du studio vide, comme s'il eut été un chien soucieux de pisser sur tous les coins et recoins pour marquer chaque parcelle de son territoire. Plusieurs fois, il alla à la fenêtre encore sans rideau observer des policiers véreux, des mange-mille Francs CFA déplumer les *Opèp* et tous les véhicules sans vignette. À partir de sa chambre d'où il voyait sans être vu, il regarda jouer dans la vaste cours, un étage plus bas, les enfants du voisin dans leur vivre au quotidien. Des fois aussi, par simple curiosité, il alla coller une oreille au mur commun fait de contre-plaqués. Ou encore hasarda audacieusement un œil dans un petit trou laissé par un clou arraché. Il espérait saisir les mouvements de la propriétaire, alors qu'il lui était plus facile de balancer sa tête curieuse à travers l'espace encore inachevé par le bricoleur qui était largement suffisant pour voir toute la salle à manger de madame.

Au moment où la nuit commença à tomber, Muna comprit clairement qu'il aura fort à faire avec la fraîcheur nocturne. Déjà à six heures du soir, il faisait un froid de glaçon dans ce coin encore vierge. L'endroit était beaucoup plus frais que celui qu'il venait de quitter plus bas. Et cela était prévisible. Il était au sommet de l'une des sept collines de Yaoundé qui offrait à l'ouest, une très belle vue des lumières de la ville et à l'est, celles de quelques maisons bien bâties. Partout au sol était la verdure, des arbres au feuillage très fourni et quelques broussailles à l'arrière-cour, où madame avait fait construire d'autres studios et des toilettes externes. Après neuf heures du soir, la fraîcheur devenue plus incisive lui sortit la chair de poule tout le long des bras, malgré un pull et les fenêtres fermées. Mais sa chambre ne pouvait se réchauffer, tant que le petit espace attendant le bricoleur laissait pénétrer un courant d'air frais venu de l'arrière-cour, qui balayait toute la salle à manger avec parfois des bourrasques. Comment allait-il passer la nuit, alors qu'il n'avait pas de couverture ? Il doubla de pulls et de pantalons jeans sur lui. À ses pieds, il tripla de chaussettes et se couvrit avec une large serviette de toilettes achetée chez Anthony. Heureusement que celle-ci était longue et épaisse. Seules les mains qui ne purent rester sous les pulls toute la nuit connurent le gèle. C'est ainsi que Muna passa la première nuit dans son studio. Voire tout le mois de janvier, au cours duquel il se sacrifiera à économiser, afin d'acquérir des choses nécessaires à sa survie. Le matin, il se réveillait au chant des tôles alors qu'il ne pleuvait pas. Ce fut madame qui lui expliqua le phénomène. La brume matinale qui rendait toute vue limitée à seulement deux mètres, faisait couler les tôles de la salle à manger sur celles des studios extérieurs plus bas.

Dans le bric-à-brac encombrant la cour, il récupérera au milieu des contre-plaqués et de lattes, une sorte de penderie dont il se servit avec l'autorisation de madame pour accrocher ses habits. Il l'avait placée juste à l'endroit qui attendait toujours le bricoleur afin de diminuer la fraîcheur et le débit du vent. Faisant d'une pierre deux coups, il empêchait également les visiteurs curieux de madame de jeter de furtifs coups d'œil en direction de sa chambre. Tout ce qui le gênait pour le moment était cette porte que madame n'était pas pressée de poser. Pour mettre pied dehors, il était obligé de prendre par la cuisine et ensuite par la salle à manger. Il était tout aussi exaspéré par le robinet du levier de la cuisine qui n'avait plus de poignée, que par sa douche toujours non opérationnelle. Dans leur accord, il avait pourtant été question pour madame de réaliser ces petits travaux avant son aménagement. À présent, il avait l'impression que son installation rendait plutôt son bailleur insouciant. Du moins, elle ne se pressait plus du tout, elle lui avait tout simplement indiqué l'autre douche, celle des locataires de la cour arrière. Chaque fois qu'il y allait, sa serviette, sa trousse de toilette et son seau d'eau en main, il faisait le tour exaspérant. De sa chambre pour la salle à manger de madame, puis la cour à traverser d'où il est visible de la route. Il prenait ensuite la descente qui mène vers les studios externes. Une fois-là, il longeait un couloir qui échoue dans un petit quatre murs en briques. Au sol, l'on note rapidement un rond qui dit où tout est fait.

Muna aurait dû se plaindre, dans la mesure où il était face à un abus de confiance. Or, il n'en fit pas un drame. Il était heureux d'être enfin calme. Ses maux de tête avaient disparu comme par enchantement. Il était capable de beaucoup plus de sacrifices pour avoir la paix et se régaler d'un bonheur qui lui faisait dire tout haut que vivre seul est parfois la seule chose qui vaille la peine à un âge. En plus, madame était bien élevée. Très effacée de son espace, elle le laissait tranquille la majeure partie du temps. Sa voix était même rare. Elle ne lui adressait la parole que pour l'informer qu'elle sortait, que la porte n'était pas fermée, qu'elle était de retour d'une sortie ou encore lorsqu'ils se croisaient dans la cuisine commune. Lui, pour avoir un peu d'eau et elle, pour réchauffer une marmite.

Avant deux mois, il pressentira l'envie pour elle de se raconter. Elle avait le virus commun à tout bavard solitaire qui pousse à se confier. Elle aimait lui dire, lorsqu'ils se croisaient dans la cuisine commune, comment était passée sa journée et prolonger la conversation sur deux ou trois autres choses qui égayaient pour un temps l'appartement dans lequel cohabitent deux personnes seules. Chacune dans son coin. Elle lui racontera sa vie par brèches. Selon son récit, elle avait beaucoup souffert, elle avait beaucoup bataillé pour exister, face aux impositions maternelles et consanguines. Comme elle aimait dire, sa propre mère était la première à l'étouffer et à mettre des distinctions entre ses sœurs, ses frères et elle. Sa voix dont le volume ne baisse jamais, même pas lors d'une confidence, était celle d'une cheffe de guerre. Au fur et à mesure qu'elle lui dévoilait des pans de sa vie, il lisait en elle une âme qui se sent rejetée, méprisée, jugée à tort. Une âme qui ne demande qu'à être comprise. Dans un de ses moments de faiblesse, elle lui avait même raconté les circonstances de la mort de son époux, alors qu'elle n'avait que dix-huit ans, quelques jours seulement avant l'accouchement de son unique fils. Après deux ans de formation à l'Institut de la Jeunesse et des Sports de Yaoundé d'où elle obtint son diplôme de monitrice d'Éducation Physique et Sportive des Écoles Primaires, elle reçut le pactole alloué à chaque formé qui en ressortait. C'est avec la somme dépassant le million non dévalué de l'époque qu'elle s'est acheté ce vaste terrain, Elle y monte pierre sur pierre depuis deux décennies, depuis l'âge de vingt-et-un ans et selon ses avoirs et son courage, une vaste propriété à deux niveaux. Et ce n'est pas sorcier si à son tour, son fils soit allé se chercher avant l'âge de dix-sept ans, n'ayant pu tenir face à la vie dure qu'elle lui mène. Vingt ans après, dans l'ère du CFA dévalué, les finitions sont les plus coûteuses. À voir la dimension des travaux, et d'après ce qui avait déjà été réalisé, on conclurait que la grande partie des financements serait issue des poches de nombreux prétendants et amants. Ils se sont fait bouffer en bouffant dans sa belle main. Madame est restée une belle femme malgré sa cinquantaine largement dépassée.

Sa bailleresse avait aussi été très accueillante. S'étant rendue compte de sa difficulté à manger correctement, elle avait déposé deux chaises dont elle ne se servait pas autour de la table de la cuisine commune. Elle lui fera bien comprendre que ce sont des chaises retenues des nombreux déménagements, dont le bail n'avait pas été soldé. Selon les nécessités, Muna emporta une dans son living-room.

Au troisième mois, la porte fut fixée après que Muna déboursa cinq mille Francs CFA à mettre dans les comptes avenirs du bail. Seul restait l'aménagement de sa douche. Malheureusement, madame fera de tout temps un trait dessus. Le discours avait changé. Elle exigeait six autres mois d'avance sur loyer pour que les travaux se fassent. C'était trop lui demander au moment où dans sa vie de tous les jours, se nourrir se révélait très vite intraitable. Il n'avait pas encore de réchaud, de marmite non plus, encore moins de poêle. Il n'avait rien pour petit-déjeuner. Matin, midi et certains après-midi, en remplacement du soir, le marché sera son restaurant. Il prenait toujours soin d'avoir trois cents Francs CFA pour manger avant d'aller au lit. Il avait repéré au carrefour du petit marché de Mimboman Dispensaire un tournedos qui proposait des grilles allant de trois cents à cinq cents Francs CFA le plat comme chez Mma Wôh. On y avait du manioc, du riz ou du couscous à la sauce tomate, arachide ou gombo. Seulement ici, le plat de porc ou celui de poulet était pour les bourses plus lourdes.

À grands efforts, il parviendra un soir à s'acheter deux plats en faïence de siamang, dans une brocante et aussi une demi-douzaine de verres à boire, chez un revendeur ambulant. Il pouvait, à présent, aller chaque soir au tournedos du carrefour s'acheter du riz assaisonné à la sauce tomate et retourner chez lui avec. Toujours chez les revendeurs ambulants, pour égayer son salon, il s'achètera un tableau représentant des chiens en pleine partie de cartes : deux des sept chiens jouaient de connivence en faisant subir à tous les autres le faux qu'ils avaient établi en dessous de la table. Ces chiens présentés en vrais durs, fumaient tous de gros cigares, buvaient du whisky et du champagne. Ils avaient à leur cou des colliers en diamant et présentaient des montres en or massif aux poignets. Il avait décoré un de ses murs avec une Kora, la guitare symbole des musiques en Afrique. Au début du troisième mois, il s'acheta des rideaux. Enfin, il commença à laisser pénétrer de la lumière dans sa chambre les soirs, sans plus se sentir exposé aux regards qui obligent à passer toute la soirée la porte fermée. C'est au prix de grands efforts et de sacrifices énormes qu'il essayait de faire de son coin un lieu présentable.

Le marché était toujours mort les premiers mois de l'année. Il ne pouvait plus mettre des sous de côté. Il travaillait pour son ventre, pour l'achat du nécessaire, pour son gîte, et encore un peu pour les autres, ses créanciers. Mais il avait été aguerri par les conseils des uns et des autres, tous les collègues de la vaste université qu'est le marché à puces. Il commençait une nouvelle vie. Ce qui signifie pour lui qui au départ n'a rien, ni héritage, ni argent, ni soutien, qu'il faille ne pas trop rêver pour l'instant. Seulement se battre et prier. Il était seul et sans personne. Sans copain, sans petite amie vers qui se tourner lorsque tout va mal. Il se rendait bien compte que tout ce qu'il avait utilisé facilement et aisément, lorsqu'il fut encore chez sa grande sœur, est autant de choses à s'acheter maintenant : de l'eau, de l'électricité, le fer à repasser, les assiettes, les cuillers et les couteaux de cuisine, le lit, les draps et les taies d'oreillers, la plaque à gaz, les marmites ou la glace à se mirer. Il lui manquait tellement de choses ! Il était entré dans le monde des exigences dans lequel chaque dépense doit être surveillée à la maison comme au marché, dans lequel tout est sous sa responsabilité. Il s'est jeté dans un monde dans lequel seuls les calculs pour la survie comptent. Où tout n'est pas toujours compromis entre lui et lui-même. Dans lequel forcément demain angoisse sans cesse en mettant la pression, en faisant réfléchir dans le vivre au jour le jour, devant le budget quotidien à respecter alors même que les dépenses sont réduites au strict minimum, à l'indispensable même. Lorsqu'il était fatigué de toujours endurer, avec deux ou trois os de son espoir broyés en lui, il s'asseyait sur l'une des deux chaises. Il se demandait s'il se sortirait de la nouvelle spirale se formant tout autour de lui, comme il s'en est sorti de bien d'enfers jusqu'ici. Mais Muna s'endormait toujours avec l'espoir renouvelé que demain sera le plus beau jour de sa vie, avec le sentiment de traverser tout simplement une zone de turbulence, de mûrir à travers des expériences qui lui seront profitables un jour.

Des fois aussi, il se surprenait en train de se demander pourquoi ce qu'il vivait aujourd'hui n'était arrivé plus tôt. Alors, mesurait-il le tort que lui a involontairement causé la famille. Il a été préservé ou laissé ignorant de tout, du vrai sens du combat de l'homme face à son destin, et même de ce qui aurait pu l'aider dans sa vie. Il ne s'était même pas aperçu que le visage vrai de la vie est ailleurs, peut-être loin des mots de chaque jour, un peu aussi entre copains, dans la rue, avec des manquements et des violations de consignes, dans la recherche de ses propres marques, loin des interdits incessants de ceux qui ont cessé de comprendre l'avancée du monde. Un peu aussi dans la réalité parfois portée à l'écran, comme une sorte de booster, pour une génération en quête d'identité. Mais si ! Dans le héros qui vit très tôt sa vie pour lui-même, par lui-même, tel James Dean et la vitesse, afin de dire avec conviction : « *ça y est, j'ai compris* ». Il comprenait que l'étonnant dans sa vie soit le fait pour lui, qui est qualifié par beaucoup d'être intelligent, de ne pas avoir vu venir la catastrophe. Il avait fait des études universitaires et emmagasiné des connaissances, avait lu des livres, avait connu plusieurs expériences et avait appris beaucoup de choses sur les politiques, les économies, les systèmes et leurs couleurs conceptuelles. Sur les gouvernements et les régimes politiques, la marche du monde, les inventions. Sur les grands hommes du siècle passé, présent et sur ceux susceptibles de faire l'avenir, mais n'avait presque rien compris de son destin personnel.

Il avait participé à plusieurs réalisations des jeunes de sa ville et lancé plus d'un mouvement intellectuel dans les différents établissements qu'il a faits : S. G du club philo en terminale, président du club histoire géo en classe de seconde et en première, SG du club des correspondances inter lycées et collèges de la ville de Douala, rédacteur adjoint du journal du lycée polyvalent de Garoua et bien d'autres choses encore après l'université. Sans fausse modestie, il se savait dans le cercle privilégié de la jeunesse africaine dite lettrée. Pourtant, chaque jour, l'impression était d'être à la traîne.

En Afrique, qu'on ait dix-huit ou vingt-cinq ans, on a moins de moyens de se prendre en charge, comme cela se ferait ailleurs. Depuis qu'il est devenu locataire et un homme qui se bat pour gagner sa vie, il regarde les mêmes choses de toujours, sans plus les voir du même œil. Il avait acquis une nouvelle lecture des signes et du monde, une compréhension plus mature des choses autour de lui. Les humains ont pris une dimension autre que celle dont il s'était habitué à les cerner. Le quotidien lui-même est devenu un adversaire, un trou sans fond, un tombeau qui avale les efforts et les gains. Manger au tournedos lui revient cher, selon ses calculs. Pour pallier cette dépense, il se résolut de vendre sa seule paire de baskets afin de s'acheter une plaque à gaz de second choix. Il s'achètera aussi deux seaux de quinze litres et remerciera madame d'avoir longtemps mis les siennes à sa disposition. L'aide qu'elle lui apportait était très touchant. Elle lui semblait extérioriser les instincts maternels ayant survécu en elle, après le départ de son fils. Mais il ne faut point exagérer, leur relation avait son cadre. Lorsqu'elle recevait de lui deux à trois bières blondes et fraîches comme elle aime, elle lui envoyait de petits plats pour se dédouaner en intriguant sa vie de jeune célibataire. Il essayait autant que faire se peut d'être aimable et disponible pour la dame solitaire ayant, d'une manière ou d'une autre, besoin d'un bras et d'une histoire drôle pour avoir des soirées gaies. C'est aussi cela l'Afrique. Muna n'était pas du tout dérangé par la solitude. Il paraissait même en avoir besoin. Les visites de ses neveux étaient très espacées. On ne frappait à sa porte que pour lui annoncer une nouvelle. L'un d'eux, qui avait pour petit nom Papi, l'avait aidé à peindre les murs de son salon. Ses nièces étaient absentes. Elles disaient toutes deux n'y arriver que le jour où il se serait acheté une bouteille à gaz et un plateau d'œufs. Peu importe, il est habitué à la solitude. Toute sa vie n'est faite que d'îlots d'elle. D'où l'habitude prise depuis tout petit de faire la causette aux étoiles du firmament. Il n'était pas trop mondain. Pour passer le temps dans le calme du studio sans son et sans image, en plus de sa guitare, il s'achètera deux romans qui lui serviront à trouver d'autres lectures dans une bouquinerie de quartier. Ou l'échange des bouquins se faisait à cent Francs CFA. Il tomba même sur des best-sellers tels que « Barrage sur le Nil », « Au nom de tous les miens » ou encore « Ville cruelle » de Mongo Beti. Dans le calme, il passera ses soirées à lire, comme il rêva tant de faire lorsque son beau-frère, en vrai baron du seizième siècle, obligeait tout le monde à éteindre les lumières, une fois que lui, allait au lit, à vingt heures.

Il s'exigeait à faire des visites à la famille, en bas, afin d'ôter de leurs têtes, qu'il aurait pris la chose au drame. Il voulut qu'ils comprennent que selon lui, rien n'est cassé dans leur relation. Il y arrivait dégagé, très à l'aise et plein de vigueur, engageait la conversation avec qui voulait bien converser avec lui. Il prenait un mets avec eux lorsque cela lui est proposé, offrait une boisson à ses neveux, quand il pouvait le faire. Cependant, l'attitude de la grande sœur ne fut pas encourageante. Elle et son mari n'avaient pas changé d'un iota leur ligne de conduite envers lui. Même pas face à la gêne qui avait commencé à gagner les plus petits, qui ne savaient plus s'ils devaient rire ou non avec lui, lorsque leurs parents étaient présents. De son côté, il positionnait dans sa vie chacun chaque jour selon ses mots, ses paroles et les regards échangés. Il savait que beaucoup n'en revenaient pas qu'il a si vite fait table rase. Muna agissait aussi ainsi, parce qu'il fut convaincu de la nécessité de garder le contact afin de sauver les apparences, pour ne pas pourrir encore plus le lien familial. Il n'en attendait rien de plus. Il est inutile de garder des rancœurs, encore plus pour des faits à classer bonnement dans le tiroir des mésententes issues d'un conflit de générations, dans la compréhension du monde. Il les avait compris et n'a par conséquent pas de griefs contre eux. Lorsqu'il prenait le chemin de son studio, ses neveux et nièces l'accompagnaient toujours prendre son *Opèp*. Mais quelque chose signalait cependant rouge dans son cerveau. Tandis qu'il faisait des efforts de se montrer deux fois par mois, aucun d'eux n'était pressé de lui rendre la moindre visite. Alors même que tous prennent par la seule route située à moins de quinze mètres de sa porte pour se rendre en ville. Avec un petit pincement amer tout de même, il se rappelait que sa sœur lui disait ne jamais mettre pied chez lui un jour. Malgré le temps, elle tenait parole. Elle le lui avait encore rappelé quand elle lui a dit de se barrer le soir même de chez elle.

— Tu ne me verras jamais chez toi…

Était-ce le mépris, l'orgueil ou la suffisance ? Le temps seul en dira un jour.

Marles était rentrée des vacances et avait commencé à exiger son fric. Elle s'était signalée très tôt un matin de dimanche, avant même qu'il ne soit prêt pour le marché. Elle réussit à l'emmener à faire l'amour. Mais aussitôt après, comme une mante religieuse, elle lui avait parlé argent. Elle avait fait des projets, disait-elle alors, et ne comprenait pas pourquoi après avoir utilisé des sous qui ne lui appartiennent pas, ne pensa pas les remplacer à temps malgré la prolongation de son séjour. Muna était coincé. Tout semblait lui tomber dessus d'un coup : les quatre-vingt-dix jours qu'il s'était donné ont pris fin depuis plus d'une semaine. Alors même qu'il est loin de trouver les dix-sept mille cinq cents Francs CFA de madame, voici qu'il a une dette de cent vingt mille Francs CFA à éponger. Trois jours après cette demande de remboursement, liquidera-t-il tout dans son comptoir afin de payer le loyer et donner quelque chose à Marles. Il subira ses incursions ainsi tant qu'il n'aura payées jusqu'au dernier sou. Un peu plus chaque jour, d'un bon centimètre, sans planche à surfer, il s'enlisait dans le creux de la vague. À Mokolo, son grenier, l'absence de la bonne marchandise laissait croire à tous que les grossistes ont adopté la politique de vendre des ballots vieillis aux magasins, à la place de ceux sortis tout frais du port de Douala. Les ballots étaient vieux, les vêtements fanés. Les trieurs avaient du mal à trouver vingt premiers choix et se rabattaient bonnement du côté du deuxième choix, en devenant chiches avec les rebondeurs, qui étaient à leur tour obligé de se frotter au troisième. Il n'était pas facile de convaincre sans la qualité dont est habitué le client qui n'a rien à cirer des dessous de la friperie. Il venait, balayait le comptoir d'un air de Sabi-tout, de connaisseur qui sait ce qu'il est venu chercher. Et, déçu, il lançait un « *ça ne m'intéresse pas* » très emmerdant ou même un « *il n'y a rien pour moi là-dedans* » alors très convaincant ; puis sortait-il d'un air qui se voulait naïf un : « *joueur, tu déballes encore quand ?* » qui mettait le fripier à plat, comme une pile. À cette allure, les comptoirs devenaient des meilleurs endroits où ressasser des souvenirs, faire le bilan de sa vie, voire réviser à la baisse ses ambitions de petit fripier.

Un après-midi, allongé dans son comptoir, la tête appuyée sur son sac d'invendus, Muna commença à penser être temps de changer d'activité. La friperie est en train d'engloutir les jours de sa jeunesse. En quatre ans sans aucun véritable progrès social, il est devenu quelque chose de complètement différent de ce qu'il sache être. Ne lui est-il pas possible d'avoir une activité qui n'accapare pas tout le temps de sa journée, et desserre des loyers ? Le système de la friperie vous règle selon sa mesure. Il hisse autour de vous des barreaux qui vous éloignent d'une autre vie que celle de l'odeur des t-shirts, du va-et-vient entre les marchés, de la marche à pied sous le soleil. Des méventes sous la pluie, du sourire malin devant le client méprisant, de l'impôt libératoire sans rentrée, de la tracasserie policière, et même de la nourriture non contrôlée. Une sorte de métro-boulot-dodo qui à la fin épuise les nerfs, fripe le mental, sabote le moral et ne vous offre même pas la moindre assurance maladie. Au contraire, il vous éloigne du vrai sens de la vie à prendre en considération. Comment allait-il se sortir de cette prison de l'informel, d'où lui viendra une main tendue, quel miracle connaîtra son destin pour avoir un jour sa maison, une femme et des enfants heureux grâce à lui ? Quels changements connaîtra sa vie, pour qu'une fois pour toutes, il cesse de vivre au jour le jour ? Serait-il seulement possible de quitter le banc des pauvres pour celui des aisés, alors même qu'il est à présent certain qu'il existe entre ces deux statuts, qui se côtoient pourtant chaque jour, un solide, et très haut mur invisible. Mais un mur très présent que des vies entières, des volontés plus puissantes et des esprits peut être plus déterminés que le sien, n'ont pu briser tout le long de l'histoire ?

La tête toujours appuyée sur le sac de vêtements, à l'intérieur de son comptoir, Muna se racontait sa misère. Il était cloué sous les dettes et ne savait comment se sortir de la forêt de problèmes pour une plage des solutions. Lorsqu'il avait cinq mille Francs CFA dans sa poche, Marles se pointait et les lui raflait. Les mois étaient devenus des semaines qui filent comme un jour. Il était toujours à la recherche d'une chambre à louer. La seule trouvée était en terre battue, d'une surface que remplirait un lit à deux places, non crépie et non cimentée comme dans la chanson. Pas pour lui. Dans une grosse ironie, Marles lui avait jeté à la figure un jour : « *qui t'avait envoyé chercher un studio dont tu ne peux pas te payer, assumes !* ». Il l'eût beau expliquer les circonstances dans lesquelles il avait quitté la maison à sa sœur, la difficulté qu'avait été sienne à trouver une chambre, elle s'en moqua et tourna tout en dérision. Elle voulait son argent et non le sien, celui de « *la sueur de ses fesses* », lui disait-elle alors. Des fois, lorsqu'elle venait au marché et n'obtenait rien de lui, elle piquait une crise et lui jouait une scène qu'il avait du mal à cacher aux autres.

— Tu ne sais pas comment j'ai travaillé mon argent, ce que j'ai fait pour mettre de côté chaque dix mille Francs CFA. Tu as des problèmes, je ne dis pas non, mais j'en ai aussi.

De plus en plus, il était traumatisé par la fin de semaine. Lorsque le week-end s'annonçait, il avait des rides et était anxieux. Pour éviter les scènes, il garda chaque cent Francs CFA jugé inutile d'être dépensé. Il était devenu plus qu'Harpagon et son or, cependant en version homme pauvre. Privé de luxe depuis des années, il ne prenait presque plus de repas de nuit et préférait la marche à pied au taxi. Et que dire de sa générosité à son prochain ? À celui qui lui demandait de l'argent, il passait vite un baratin, afin de contourner la demande. Il offrait des mots et non plus la glace. Pour celui qui ne l'a pas connu avant la tournure qu'impose le destin à sa vie, il serait un pingre. Mais il ne pouvait faire autrement dans son état très avancé d'appauvrissement, d'endettement et de désespoir. Il n'arrive même pas à s'acheter un fer à re-passer. Depuis qu'il avait quitté sa sœur, il a ses vêtements froissés. Très sou-vent, lorsqu'il traverse le centre-ville aux rencontres très inattendues sont faites en tout temps, où le monde bon chic, bon genre, stylé et modelé, frais et bien rasé, se traverse en se jaugeant, où des jeunes hommes à la dernière mode des séries américaines se donnent de la dimension, lui qui avait dépassé un quart de siècle, avait ses tenues ternes et froissées.

À cause de ses retards de paiements, madame avait changé d'attitude à son égard. Elle avait perdu l'habitude de dialoguer. Lorsqu'ils se croisaient dans la cuisine commune, il recevait d'elle un salut froid, presque donné à contre-cœur. Rien ne sera aussi gênant que ces moments-là. Pourtant, madame ne lui demandait rien, ne disait rien non plus. Simplement qu'il est habitué aux silences qui parlent trop. Parfois aussi, de l'autre côté du mur en contre-pla-qué, celle-ci éclatait contre un locataire qui lui faisait misère.

— Je suis fatiguée, fa-ti-guée des locataires ! Comment peut-il habiter chez toi sans payer le loyer, l'eau, ni même l'électricité pendant six mois ? Chaque jour, il te raconte des salades. Demain, toujours demain qui ne finit pas, alors que s'accumulent les loyers. S'il ne peut pas payer un, deux, trois, quatre, cinq, six mois, c'est sept, dix ou un an qu'il payera ? Je ne veux pas de problème, laissez mes studios tranquilles !

Lorsqu'elle se mettait à gueuler, madame était intarissable. Muna se faisait tout petit de l'autre côté du mur en contreplaqué. Chaque mot pénétrait sa conscience, tel un clou qui en voulut à son cerveau. Un coup de rasoir sur les nerfs. Fallait-il alors descendre du côté de sa sœur demander de l'aide ? Elle lui rirait au nez et profiterait de la situation pour lui signifier être vraiment son alpha et son oméga. Elle prendra du plaisir à lui rappeler triomphalement ne rien pouvoir sans elle. Il essaya pourtant de joindre le grand-frère qui vit à Paris, mais il n'y eut en retour que des rendez-vous non honorés. Il aurait aimé vendre quelque chose chez lui, mais rien n'y était d'une valeur à même d'éponger ses dettes. Ses paires de chaussures sont des souvenirs qu'il ne voulait aucunement bazarder. Il avait proposé sa plaque à gaz, mais personne n'était partant pour son truc de seconde main. Il n'avait plus de polo ou de pantalon d'une valeur susceptible de réduire les frais. Que peuvent lui rapporter quelques vêtements qui valaient moins de trente mille Francs CFA au comptoir ? Il a besoin d'argent, non pas pour faire la fête, mais simplement pour briser le cycle de ses frustrations quotidiennes. Depuis quelques mois, il tourne en créant un capital fictif et en jouant sur le temps des remboursements des uns et des autres, comme il a appris à le faire depuis qu'il traverse les turbulences.

C'est couché ainsi, rêvassant et s'interrogeant, qu'il entendit un sifflement particulier dont il est habitué depuis l'enfance : Ptizz ! Son esprit revint d'un coup dans le marché. Il écarta le rideau de vêtements. C'était son petit-frère. Chacune de ses apparitions est du baume à son cœur. Les deux frères s'étreignirent longuement en se tapotant le dos devant tout le monde. Heureux de se retrouver. C'était la première fois qu'ils se voyaient depuis qu'il est en location. Il était content qu'il soit là. Israï ne venait que très rarement sur Yaoundé, qu'il maîtrise pourtant mieux que Muna.

Arrivés à son studio, il lui fit admirer ses installations : la chambre vide aux murs décorés de son tableau, sa kora, et son côté cuisine, où trône la plaque à gaz. Toute la soirée, ils s'attardèrent longuement sur leur vie, sur leur enfance, sur le mental à avoir pour s'en sortir. Contrairement à ce que cela pouvait sembler, ils étaient confiants en l'avenir, toujours optimistes quant à ce que seront leurs vies à la fin.

Israï n'est pas homme à rester admirer les murs les soirs. Il est toujours partant pour un tour dans la cité capitale. Une fois sur Yaoundé, il va toquer à la porte de tous ses potes, pour annoncer sa présence en ville. Et Dieu seul sait combien il en avait ! Lorsqu'il était de retour tard le soir, malgré des kilomètres faits à pied, il trouvait encore quelques forces pour conter ses aventures à son frère, en somnolent. Le récit allait des amis qu'il a revus à tout hasard dans la rue, aux filles qu'il a draguées et dont il ne se rappelle même plus les noms. En passant par les anciennes qui se sont à nouveau écroulées sous son charme ; la nouvelle, comme cette belle albinos rencontrée au pied d'un feu rouge, à qui il a arraché un rendez-vous pour jeudi soir. Muna savait que tout ce que lui disait son frère sur les femmes est vrai, d'autant plus qu'il les aime et a le grand art de les faire toutes tomber, peu importe l'âge et la classe sociale. Il appréciait sa qualité à lui changer les idées en quelques heures, à lui faire aimer la vie, à lui redonner confiance. Celui-ci vibrait positif. Avec lui à ses côtés, même si ce n'est que le temps de la remise en forme, il se mettait à penser n'être pas seul dans son combat de chaque jour. De son côté, Israï essayait de lui rendre la vie facile. Parce que son grand-frère n'avait pas assez de temps à concentrer à sa propre personne, il l'aidait en bon maniaque de la propreté qui dispose de son temps libre, en lessivant pour deux. Jugeant la qualité des vêtements qu'il avait lui-même fournis à son frère, Muna se rendait compte que les siens, des classiques aux sombres couleurs uniques, faisaient vieux jeu. Israï avait de belles chemises à poches plaquées, des pantalons en super 100, des t-shirts de grandes marques. Il est l'homme des griffes, des t-shirts moulants qu'il met à la GI's, sous un blouson cuir de chez Ralph Lauren, à quelques minutes d'un rendez-vous galant. Il noue même des fois la cravate ! Il savait marquer les esprits de jeunes filles qu'il siffle au moment de la lessive.

Ce qui avait également changé était dans son budget quotidien. Les dépenses avaient grimpé, car il faut bien nourrir le frangin. Il devait lui laisser au moins cinq cents Francs CFA chaque matin pour ses marches. Mais comme les responsabilités savent engendrer de nouveaux défis, il redoubla d'astuces et d'efforts dans les marchés. Il ne laissa plus un seul rebond le traverser. Aucune occasion susceptible de lui donner un sou lui échapper. Il prit même de temps à autre des risques dans le domaine de l'habillement féminin et constata, à sa grande surprise, que les femmes achètent mieux et plus vite que les hommes. Cependant, il n'y alla que de main morte. Dans ce domaine qui lui est encore inconnu, la mode change toutes les trois semaines. Ce dont il n'est pas habitué jusqu'ici avec l'habillement masculin. Il était conscient qu'après le départ de son frère, les jours d'après seront encore plus difficiles, mais il lui fallait son point d'honneur de grand-frère. Il tenait à ce qu'il retourne auprès de leur papa avec de bonnes impressions. Pendant quatre semaines, ils vécurent sans trop d'exigence, confiants. Lorsqu'il essayait de promettre à son frère qu'au prochain séjour une bouteille à gaz sera là, que beaucoup de choses s'amélio-reront, le petit riait tout bonnement. Il répondait n'être pas si malheureux que cela sans cette foutue prise de conscience qui pousse toujours à avancer et à faire des choses.

— Tu sais, on n'est toujours pas conscient de grimper, parce que trop ambi-tieux. Avant, tu n'avais rien. Et maintenant, tu as au moins le chez-toi.

Israï était privilégié. Lorsqu'il avait assez de la purée d'avocat et des mets achetés au *tournedos*, soupçonnant les difficultés financières et des raccorde-ments que faisait Muna pour joindre les deux bouts, il descendait chez la grande sœur.

Le bailleur avait doublé d'animosité muette en comprenant que le petit frère n'était pas là pour trois jours. Une petite semaine après son arrivée, elle criait au vol d'ustensiles de sa cuisine. Mais tandis qu'elle les réclamait haut et fort, on retrouvait un couteau posé sur un mur inachevé du salon, des fourchettes qu'elle a dites perdues sous levier, des tasses un peu en désordre dans son salon. C'était clair pour les deux frères, qu'il fallait déménager au plus vite. Ils la comprenaient. Elle a toutes les raisons d'être grincheuse, susceptible et boudeuse après deux mois de retard sur loyer. Pour baisser la tension, Israï préféra s'en aller en promettant de vite revenir aider. L'espoir pour Muna de s'en sortir était devenu mince. Dieu seul exerçait sa mansuétude pour qu'avec seulement quelques polos au comptoir, il parvienne à se nourrir et à payer son loyer, malgré le retard.

Des jours s'écoulèrent ensuite à la vitesse du mercure qui grimpe les degrés dans un thermomètre rapproché du feu. Il dormait de plus en plus avec la hantise d'un lendemain qui arrive pour donner la peine et non plus la joie. Il aurait bien aimé voir mourir demain dans la nuit éternelle.

Un soir à son retour, l'eau du robinet était coupée. Sachant n'être pas en règle, il n'osa même pas demander ce qu'en était à madame. La borne fontaine pu-blique la plus proche est à deux kilomètres. Il fut obligé les soirs d'y aller avec des bouteilles dans un sac au dos. Heureusement qu'on était à la saison des pluies. De temps à autre, il recueillait l'eau des pluies. Parce que Madame en faisait autant, il conclura que la coupure est de la société des eaux. Ainsi Ma-dame avait son compteur arrêté pour non-paiement de la facture d'eau.

Pourtant, malgré son air froid et distant, elle ne semblait vraiment pas prendre le retard de paiement du loyer de Muna à cœur. Lorsqu'il pleuvait en son absence, elle sortait indifféremment tous les seaux. Lui non plus n'avait cessé d'être disponible pour elle. Après tout, ils avaient obligation de s'entendre dans cette grande concession. Ils étaient mère et fils, réciproquement adoptés, unis par le concours des circonstances et par des liens affectifs qu'explique seule la nature humaine dans une société qui les voit plutôt bailleur et locataire. C'était beaucoup plus une génération endurcie qui soutenait la plus fébrile afin de lui permettre aussi de survivre et de continuer à croire en une vie meilleure, en l'avènement d'une société beaucoup plus juste.

Deux semaines après le départ de son frère, Muna réussira tout de même à payer un mois de loyer, après une dure semaine. Ceci calmera un moment les nerfs de madame. Mais le loyer, bien qu'étant nécessaire, avale des sommes qu'il ne produit pas directement. Il laisse plutôt un gros trou incapacitant face aux dettes. Il va falloir continuer à négocier, à expliquer surtout pour ajourner des paiements, les cumuler, à jouer intelligemment entre bénéfice, capital fictif et emprunts. Heureusement qu'il avait appris à multiplier rapidement les sous qui lui tombent sous la main. Même ceux qui sont de passage. Ainsi, cinq mille Francs CFA lui rapportaient deux mille Francs CFA au bout de vingt-quatre heures. Seulement, c'était toujours très peu pour celui qui doit se nourrir et payer le loyer.

6

Muna n'était toujours pas seul dans la vie. Il avait pris l'habitude d'échanger avec une cliente qui prenait toujours quelques minutes sur son comptoir. Une jeune étudiante en droit à l'université de Yaoundé II était très mordue à la tendance des t-shirts de taille « S ». Contrairement à la plupart qu'il voyait passer devant son comptoir, tout le long du jour, dévergondée et sans instruction, veules et provocatrices à l'excès, dans l'habillement et par les gestes, l'étudiante était plutôt réservée, ambitieuse et intelligente. Moins d'une semaine après leur premier rendez-vous, elle fut invitée chez lui. Tout alla bien entre eux, jusqu'au jour où une chose commença à réveiller sa méfiance un peu endormie par les câlins. Logiquement, elle était beaucoup plus aisée matériellement et financièrement que lui, parce que fille de bonne famille. Elle recevait de papa, cadre dans un organisme panafricain, et de maman, cadre à la fonction publique, tous deux en séparation de corps, de l'argent de poche pour tout le mois. Elle « bouffait dans les deux plats », selon sa propre expression. Mais elle semblait tout dépenser à l'achat de nouvelles fringues et autres futilités comme savent en faire les filles aisées. Muna plusieurs fois la conseilla de faire quelque chose de plus respectable avec son fric, en vain. Lorsqu'il lui demandait cinq cents Francs CFA, elle prenait n'importe quel prétexte pour ne pas les lui donner. En trois mois, il fut le seul à payer une glace ou à offrir les fringues. Elle ne se souciait de lui dans aucun autre domaine que celui du sexe. Par des méthodes douces, il essayera de lui faire comprendre en attendre un peu plus que du sexe, mais elle était toujours prête pour un évitement. Ses problèmes de loyer ne l'intéressaient non plus. C'était clair que l'étudiante savait recevoir et non pas partager. Elle refusera même de mettre à sa disposition son ordinateur portable pour qu'il puisse saisir les textes qu'il griffonnait de temps à autre sur des bouts de papier. Aussi raisonna-t-il un jour, qu'à vingt-et-un ans, une fille de deuxième année universitaire sait ce qu'elle veut. Petit à petit, toute la considération et toute sa passion, aussi grandes furent-elles, commencèrent à s'estomper. Déçu, il se replia sur lui-même. Une intéressée, voilà ce qu'elle est. Une bonne égoïste. Sûrement, elle s'était dit être bien calée dans le cœur d'un fripier qui lui assurera sa garde-robe. Après le triste constat, il se mit à prendre ses distances alors même que rien pour elle ne signalait rouge. Un soir, tenu à la gorge par les dettes et autres, il se fit violence en sollicitant son aide, à la mesure de ses possibilités.

— Même si ceci compterait pour une dette.

Mais l'étudiante ne fera aucun commentaire engageant sur ce point. C'est dans une situation encore plus désespérée que le retrouva Israï sept mois après qu'il est parti. Il était revenu avec un mois de loyer et des sous pour soutenir son séjour. Aussitôt au courant de la situation, l'homme qui connaissait le cœur de la femme le mit en garde.

— Dans ta situation, il n'est pas question que tu entretiennes une nana. Son comportement n'offre aucune garantie à ton avenir. Les actes qu'elle pose trahissent son cœur.

Aussi se mettra-t-il à guetter la moindre occasion de faire d'elle le mouton noir.

Dans ses sorties diurnes et nocturnes, Israï pu cette fois-ci dénicher deux chambres à louer : celle de huit mille Francs CFA ne disait rien à Muna. Elle était engoncée dans un quartier à haut risque, où la lessive mouillée était volée en plein midi sur le séchoir, si la poussière émanant de la route non goudronnée ne vous obligeait à plutôt la sécher à l'intérieur. L'autre était à dix mille Francs CFA le mois. Son propriétaire exigeait un versement de trois mois. Ce qu'il n'avait pas. S'y engager était se faire prendre entre deux feux : désintéresser madame avant de quitter les lieux et trouver trente mille Francs CFA. Se rendant compte de la situation difficile, ils multiplièrent en vain les appels vers Paris, en direction d'Ebenny, le seul joignable de ses trois grands frères. Le disque rayé répéta tout le temps : « … *Je vais vous rappeler … Ce n'est pas évident maintenant … Je suis onze devant onze. Patientez jusqu'au prochain mois … »*. Jusqu'au prochain mois ! Les deux frères inventèrent même une histoire comme quoi, ils sont jetés dehors avec confiscation par le bailleur de leurs maigres avoirs, qu'ils dorment chez un ami. Rien ne changera pour autant.

Contre toute attente, trois soirs après le coup de fil, l'on demanda plutôt à Muna de descendre attendre le coup de fil du grand frère en bas, chez la grande sœur, à partir de vingt heures. En fait, il était question d'y venir expliquer au téléphone de quoi il est concrètement question dans ses SOS vers Paris. Hors de lui, il n'y alla point et appela plutôt le grand-frère en question depuis une cabine téléphonique. Ce fut pour l'entendre dire être au courant de sa bonne vie depuis son déménagement. En fait, la grande sœur démentait tous ses propos. Elle prétendait qu'il jouait au plus malin. Pendant longtemps, le grand-frère ne le rappellera plus.

En liant les faits aux propos, il se rappela que toutes les fois qu'il était descendu rendre visite à la famille, la grande sœur avait tendance à lui trouver quelques aisances. Et quelques prospérités, dont elle seule pouvait expliquer. Sa bonne mine, si c'en était une, ne provenait nullement d'une bonne situation financière, mais plutôt du repos de ses nerfs et de la liberté de son esprit. Lorsqu'il disait avoir toujours des dures journées à surmonter et d'être dans la diète, sa grande sœur, qui avait commencé autant que faire se peut à lui adresser la parole, le traitait de menteur, de radin, de sale égoïste. Elle le jugeait même ingrat envers Dieu.

— Lorsque Dieu t'en donne, aussi petit soit-il, cesses d'être menteur, parasite et mendiant.

Peut-être voyait-elle bien en disant qu'il prend des kilos. Seulement, Muna pensait qu'elle n'a pas le droit de qualifier sa vie d'aisée. Il avait des problèmes, mais des problèmes d'homme et non plus ceux qu'il a eu les dernières années auprès d'elle, ceux qui lui ont donné chaque jour de la migraine et le mal de vivre. Il était conscient qu'à présent, lorsqu'il souffrait, c'est de la souffrance choisie, pensée et qu'il peut supporter naturellement. Il croyait fermement que ses présentes peines sont celles qui le mûrissent dans la vie du responsable de sa vie qu'il apprend seulement à être. Il n'a plus la migraine à cause des mots qui choquent sa conscience d'homme mûr, mais parce que des fois, la vie fait pression sur lui. Non, elle n'a pas le droit de le dire, pensait-il alors, puisqu'elle ne sait plus rien de sa vie dont il se bat à redresser chaque pan. Pourquoi agissait-elle ainsi, était au-dessus de son entendement.

Israï retourna sur Douala sans avoir casé son frangin. Juste après son départ, madame vint signifier à Muna de libérer ses locaux. Elle lui donnait jusqu'à la fin du mois d'octobre, donc deux mois pour se trouver une chambre. Il était toujours à deux mois de retard dans le paiement des loyers. Il payait un mois pour fuir l'accumulation de trois, et visiblement, madame est dans le besoin de liquidités. Elle avait des factures à payer. Son salaire n'était pas à même de la faire vivre décemment. Et il faut dire en toute sincérité qu'elle ne s'est pas débarrassée de son rejeton pour en prendre celui d'une autre. Elle avait été patiente, et refusait d'être complice de la mauvaise foi d'un locataire qui dit ne pas avoir d'argent, mais s'achète tout de même une bouteille à gaz, une minichaîne et… une télé !

En réalité, par les conseils d'Israï, Muna avait vendu tous les vêtements de marque de sa garde-robe pour s'acheter une fois pour toute une bouteille à gaz. Ils se sont dits qu'en faisant lui-même la cuisine, il économiserait quelques sous et en plus surveillerait sa nutrition. Dans la précarité, la santé avant tout. La télé et la minichaîne venaient de chez sa grande sœur où un soir, il joua de chance. Il s'était souvenu de la vieille télé et du tourne-disque avec radio et ampli combinés qui avaient été rangés au magasin pour des appareils numériques à la mode. Il était donc descendu négocier en bon parleur. Il leur parla de la poussière dessus, de la rouille qui bouffe tout par son action corrosive, des baffles qui sont devenus des nids de souris, de cafards et d'araignées. Plutôt dans le souci de se débarrasser de tout ceci, la grande sœur le laissa tout emporter avec promesse de lui ramener un sac à main en cuir marron. Traitant la situation comme une partie de business, le beau-frère avait demandé à avoir en retour une bonne paire de chaussures en cuir noir. Promettant de tout apporter une fois qu'il en serait capable, il avait embarqué les appareils chez un ami technicien qui les lui remit en état de marche après avoir bu ses paroles à son tour. À présent, il avait de la musique, des images et de l'actualité. Du pur bonheur que de pouvoir passer du bon temps chez soi.

Malgré ces explications fournies à madame, celle-ci jugeait qu'il faisait plutôt preuve de malhonnêteté en préférant équiper sa maison, au lieu d'être en règle. Dès lors, sa voix allait s'élever de plus belle, cette fois-ci en prenant la direction de la chambre de Muna.

— J'en ai marre ! Que celui qui n'est pas en règle se barre de ma propriété. Laissez mes maisons tranquilles ! Je suis une pauvre veuve, moi.

Des fois, il surprenait une des amies de madame, tenue au courant de la situation, en train de s'offusquer de la situation.

— Mais ils prennent tes maisons en otages ! Et tu supportes ça comment ?

Le locataire du bas nageait au quatrième mois impayé. Il faisait ouvertement le bras de fer contre un préavis au pas de sa porte. Il avait pris l'habitude depuis le mois de juillet de sortir très tôt les matins, pour ne rentrer que très tard dans la nuit, convaincu que Madame, selon ses habitudes, avait gagné le lit autour de vingt-et-une heures.

C'est un peu à cette période de nerfs tendus que vint s'installer une jeune fille chez Madame, avec un bébé de six semaines dans les bras. Malgré le refus catégorique de sa mère, le fils voulait à tout prix que sa copine passe les trois premiers mois après la venue au monde de sa fille au chaud, auprès de mémé. Mais la mémé disait qu'après avoir élevé le fils, il n'était pas question pour elle de revenir à la maternité pour sa petite fille. Malgré des semaines d'effort de la jeune mère pour mériter l'estime de sa belle-mère, des efforts du fils à prendre soin de sa fille et de sa copine, la Mémé ne se privera jamais à son endroit de mots crus. Elle avait des gestes trop taquins, des silences trop bavards et le refus de prolonger d'un seul jour le séjour de celle qu'elle traitait « *de jeune collégienne ramassée, elle ne sait où* ».

— Vous auriez dû ne pas faire d'enfant. Il fallait y penser avant.

Entre mère et fils, Muna avait noté une ressemblance très significative dans le caractère qui les poussait à s'entrechoquer à chaque rencontre. Le fils parlant à la mère plutôt comme un petit frère, tandis que celle-ci luttait pour ne pas perdre sa position de mère à ses côtés. Mais à bien juger, c'était une complicité certaine qui avait plutôt du mal à s'extérioriser, qui se jouait de deux durs et de deux orgueilleux aussi. Comme quoi des fois, telle mère, tel fils. Mais ne dit-on pas qu'il n'y a pas de concurrence qui tienne entre géniteur et progéniture ? Pendant les trois mois de Valérie chez madame, les relations entre mère et fils subiront un grand mauvais coup. Lorsqu'il faisait une demi-heure de causette dans la cour avec Muna, le fils lui avouait ne pas comprendre pourquoi sa propre mère lui infligeait pareil traitement. La grand-mère à sa fille ! Il regrettait visiblement de lui avoir donné très tôt l'image d'un garçon qui savait se sortir de biens d'épreuves. C'est aussi pour cela, pensait-il, qu'elle le vissait en toute insensibilité inconsciente, très loin de se rendre compte qu'il ait besoin d'elle, de son soutien.

Valérie était une belle jeune fille très appliquée. Elle avait le teint huilé des filles du nord du Cameroun, avec un nez long et droit très atypique pour sa race. Son mètre quatre-vingt était mis en valeur par de longues jambes pleines et fuselées. Une anatomie de sirène. Derrière le rideau de sa chambre, Muna se surprenait dès fois entrain de la regarder se déplacer dans la cuisine, avec grâce, comme un félin. Elle donnait envie d'être touchée, d'être palpée.

Un après midi, tandis qu'il s'activait à la cuisine, elle vint rincer un biberon. Il en profita pour l'inviter à partager sa purée d'avocat « *capable de réveiller l'appétit de Gandhi* ». Elle ne dit pas non. Ils profitèrent donc pour faire connaissance. Elle était curieuse et posa des tas de questions dont Muna eut du mal à trouver des réponses claires à certaines. Étant par le concours des circonstances les seuls jeunes de l'appartement, ils se prirent très vite en sympathie l'un pour l'autre. Ils prirent très vite des soirées entières à discuter, à parler de leur vie, à se confier sans aller en profondeur. Quoique dans ces circonstances, l'on aborde inconsciemment des sujets qui font se découvrir et qui rapprochent d'une manière ou d'une autre. En quelques semaines, chacun savait beaucoup de choses de l'autre. Il saura qu'elle est Bassa d'Edéa, dans le Littoral, d'où justement, elle avait donné naissance à son bébé, le tout premier. Entre autres, non désiré, mais qui est devenu le centre de sa vie, une fois que l'instinct maternel avait pris le dessus sur la peur et l'envie de rester belle. Il apprendra aussi que la passion entre le fils et sa copine se refroidissait chaque jour, depuis l'accouchement. Visiblement, la jeune fille souffrait de cette union sans tendresse. Elle n'arrivait pas à croire que son copain ait changé du jour au lendemain, que leur idylle ne tienne plus qu'au seul liant qu'est leur fille. Un garçon qui pourtant l'a fait rêver, il y a encore une année. Il apprendra également, et cela sans surprise aucune devant une telle chute de rein, qu'elle est tombée enceinte à sa deuxième année de mannequinat. Pour sauver sa carrière, elle voulut faire une I.V.G, mais le fils a été très persuasif, étant pour la venue au monde de l'enfant. D'ailleurs, pour l'en dissuader, il n'avait cessé de menacer aller tout révéler à la police, si elle le faisait d'une façon ou d'une autre. Elle jurait pourtant qu'elle l'aurait fait pour être en règle avec ses parents, qui ne se sont jamais remis de la voir mère avant son vingtième anniversaire.

Son caractère et sa simplicité avaient touché Muna. Des fois, lorsque Madame gueulait fort pour avoir l'argent de son loyer, c'est elle qui lui rappelait que son propre fils à elle aussi était un locataire qui n'est toujours pas en règle.

Ce à quoi madame répondait par une moue qu'accompagnait un mouvement vague de la main, que chacun pouvait interpréter à sa guise.

— Je l'avais envoyé où ? Il m'a dit qu'il est grand, qu'il assume.

Valérie avait convaincu madame, malgré son caractère de dure, de baisser son loyer mensuel à quinze mille Francs CFA en la persuadant que son locataire payait plus qu'il n'en faut. La somme de dix-sept mille cinq-cents Francs CFA était pour un studio avec douche interne et électricité incluse. Or, tout ceci manquait. L'eau ne coulait toujours pas du robinet depuis la coupure, le délestage systématique mis au point par la nouvelle agence faisait manquer d'électricité des semaines durant. Et même, que consommait-il comme énergie avec seulement une télé, une minichaîne et deux ampoules ? Devant le caractère difficile et l'humeur de plus en plus grincheux de madame, elle se mit à conseiller Muna de partir. Elle lui disait qu'un studio de plus de quinze mille Francs CFA est encore trop lourd pour lui. Elle l'aida même à chercher une chambre chaque fois qu'elle mit son nez dehors. Elle le fit surtout à partir du jour où les confidences aboutirent à un baiser. Cependant, la condition fut qu'il déménagea avant d'aller plus loin… pas dans sa belle-famille. Respect oblige.

Un soir, alors que rien ne présagea que le fils allait céder, il vint reprendre sa petite famille. Il vint plutôt la renvoyer chez ses parents. Un coup dur pour celle qui s'était habituée à sa nouvelle vie, qui avait accepté sa belle-mère, telle qu'elle s'était présentée à elle : grincheuse, bavarde, toujours insatisfaite, mais faussement méchante, malgré toutes ses sottes humeurs. La jeune mère était en larmes. Muna avait de la peine pour elle. Le plus paradoxal dans toute cette histoire, c'est qu'au moment de triompher, madame était plutôt dans les regrets. Elle ne s'attendait pas à voir le fils céder dans leur combat d'orgueilleux. Debout devant la porte, elle refusait de la laisser partir. Malgré son caractère de dure de chez les plus dures, trois mois et quelques jours avaient triomphé d'elle. Mais le fils était décidé et ne changea pas d'avis.

C'était le temps des adieux pour tout le monde. Presque à la même période, Muna se sépara de sa copine étudiante. Pour reprendre le double de sa clé, il lui raconta qu'il allait déménager dans la semaine. Chaque fois qu'elle passait au marché, elle avait toujours droit à une histoire dissuasive toute prête. À la longue, elle comprendra le manège et cessera de se ridiculiser. Mais la solitude de Muna ne mettra pas long. Deux mois après cette séparation, il rencontrera une jeune femme disponible à bâtir un vrai couple avec lui.

La nouvelle vint à lui sans aucun de ces esprits de calculatrices dans les rapports avec les mecs. Elle voulait juste un copain à elle. Elle voulait aimer et être aimée. Elle savait remonter le moral de Muna en lui rappelant qu'ils étaient jeunes. Elle disait tout le temps croire dur comme fer qu'avant d'avoir les cheveux qui ont blanchi à leurs têtes, ils seraient à l'abri du besoin, tant qu'il suffira de se battre chaque jour. Sans pouvoir s'expliquer le comment du pourquoi, Muna avait l'impression d'avoir trouvé son double en elle. Sa maturité d'esprit et sa détermination à réussir dans la vie étaient impressionnants pour une jeune femme de 23 ans. Styliste modéliste, elle parcourait la ville pour présenter et vendre ses modèles aux boutiques et aux personnels. Elle cousait elle-même ses vêtements et avait une clientèle pour des « kabas » et autres vêtements traditionnels. Avec la nouvelle copine, la vie de Muna va beaucoup s'améliorer.

7

Avia est un ami d'enfance de Muna. Ils s'étaient perdus de vue depuis plus de cinq ans. À un moment, ils avaient animé avec une bande de copains une correspondance Inter lycées et collèges dans la ville de Douala. À présent, Avia était un flic. Un inspecteur de police à la Direction de la Surveillance du Territoire, la D.S.T. La vache ! Qu'est-ce que le temps était vite passé ! Il avait pris des kilos de muscles. Psychologiquement aussi, il n'était plus un garçon très nettement influencé par les considérations trop moralistes de la religion des Témoins de Jéhovah dont il se prévalait à tout moment auparavant. Il avait heureusement gardé ce côté honnête qui avait toujours fait de lui quelqu'un de loyal et d'intègre. Il était aujourd'hui formé et vacciné contre toutes ces situations qui auraient pu être un handicap dans sa vie. Tout ou presque avait été surmonté au cours de sa formation à Mutènguènè par celui que Muna appelle aujourd'hui « Ip ». Ils s'étaient retrouvés à tout hasard lors d'un festival de musiques organisé dans les installations de l'ancien palais présidentiel, présentement transformé en musée national. Ils redevinrent rapidement aussi amis que frères d'antan, sortant le soir pour des milieux mouvementés de la ville, pour le carrefour de la joie de Mvog-Ada ou à Ekounou pour soulever le coude, comme Avia disait lorsqu'il parlait d'une bière entre copains. Parfois aussi, ils allaient dans les cybercafés où l'on surfe toute la nuit à bas coûts. Ip était la seule personne capable de le faire bouger de nuit, à le sortir de plusieurs mois de monotonie. Une fois dehors avec Avia, ça sentait la sécurité dans une ville de plus en plus viciée. Il ne craignait ni d'être raflé, ni même une interpellation policière qui tournerait mal. Son inquiétude au départ fut au niveau des poches. Mais très rapidement Ip saura lui faire comprendre qu'il sait offrir et ne rien en attendre en retour. Il voulait juste sortir de son Mballa II de célibataire et draguer les filles ou boire du vin.

Quelques mois après leur rencontre, Avia alla se spécialiser pour quelques mois à Buea à l'école des Postes et Télécommunications. Une fois de retour, il jugea que sa chambre qu'il louait à dix mille Francs CFA le mois ne cadrait plus avec son grade et son matricule. Il avouait avoir de la gêne, lorsqu'il lui fallait faire venir ses collègues chez lui. Il ne voulait plus donner l'image de vieux garçon dans une chambre de bonne. Une lumière se mit donc à germer dans le cerveau opportuniste de Muna, alors même qu'il fût toujours dans une position de faiblesse due aux retards de payement des loyers. Si seulement il était en règle, il proposerait l'échange des domiciles. Mais contre toute attente, c'est Avia qui envisagera ladite possibilité au cours d'une conversation.

— Mais, gars, comme tu veux une chambre et moi un studio, on n'a qu'à faire la permutation… Dans la semaine si tu es d'accord.

Bien sûr que Muna était partant. Ils fixèrent l'opération pour la fin du mois avec accord, la continuité du bail de chacun par l'autre et la sollicitation de l'accord des bailleurs respectifs. Muna misa sur le besoin de liquidités de Madame pour la convaincre à accepter l'échange. Il l'emmena à voir qu'il est de son intérêt d'être libérée de lui, en reprenant celui qui lui donnera du cash dès son entrée et tout le temps après. Pour la décider, il vanta et avec raison, l'honnêteté de son ami. Madame était dure à convaincre. Visiblement, elle avait du mal à le voir partir. Décidément, elle est atypique, pensa-t-il. Il parviendra tout de même à la convaincre en touchant son besoin de liquidité. Une faveur toutefois, que Madame ne demande pas à son ami l'habituelle caution non remboursable de trois mois, car selon l'esprit de l'échange, le loyer sera toujours en son nom.

— Je payerai un des trois mois avant de partir. Mais sur ma parole donnée, je reviendrai une fois que tout serait arrangé pour moi, maintenant que je vais louer à dix mille Francs CFA et sans caution à payer à l'avance.

Madame répondit être moins sûre qu'on revienne un jour. Cependant, elle ne compliqua pas.

— Ah ! C'est toi qui décides, mon fils. Tout ce que je veux, c'est une personne qui paye et ne me renvoie plus à demain qui avorte tout le temps.

Tout excité en l'idée de vite regagner sa nouvelle chambre, Muna alla faire un pied de grue chez sa grande sœur pour un prêt de cinquante mille Francs CFA. Après deux heures de baratin et de discours parce qu'il refusa d'expliquer ce qu'il voulut en faire, il obtiendra trente mille Francs CFA remboursables dans un mois. Il donna une partie à Madame et garda l'autre partie pour le comptoir. Après une bonne semaine d'attaque, il s'acheta un lit socle. Le sol de sa nouvelle chambre imposait d'en avoir un.

Le 1er novembre 2000, à onze heures de la journée, une vieille 404, non bâchée, qu'ils avaient tous deux louée du côté du marché central, transporta ses maigres affaires pour Mballa II, après avoir fait de même en sens inverse pour Avia qui n'avait également pas encore grand-chose. C'est ainsi que Muna était sorti d'une situation malsaine qui avait duré onze mois. À Mimboman château, il était tombé sur plus fort que lui et du premier essai. Mais c'était vraiment sans regret, parce qu'il en a tiré des enseignements. Il avait connu l'engrenage d'une machine à broyer l'espoir et l'effort de chaque jour, et avait compris que seul l'homme patient peut tenir tête aux circonstances difficiles de la vie. Il avait aussi appris qu'il ne faut jamais baisser les bras, ni sa garde et, sans toutefois être attentiste, de toujours espérer comme dans son cas, que les circonstances favorables prendront le relais. Il n'y a aucune honte en cela. Tout être est quelque part tributaire de circonstances de toutes natures. Il n'avait aucun regret, surtout pas d'avoir passé des journées entières sans pain et sans argent, en bossant pourtant dur chaque jour comme un bon nègre. La somme de deux cent mille Francs CFA environ dépensée aux loyers n'était non plus à regretter. C'est un prix payé pour avoir des nerfs calmes et un peu de dignité. Il était conscient que ce prix pèserait d'une manière ou d'une autre dans la suite de sa vie, mais il n'avait eu aucun autre choix facile. Dans son nouveau logis de Mballa II, il avait le sentiment que rien ne l'atteindrait plus. Notamment avec sa copine styliste modèle à ses côtés. Malgré qu'il ne soit pas encore sorti de son vivre au jour le jour, il soupçonnait raisonnablement que cela irait plus vite à présent qu'il sait encaisser des coups. Il n'a fait que cela toute sa vie, avec cependant plus ou moins de réussite. Il semblait même déjà narguer les quinze mille Francs CFA qui lui restent à donner à Marles pour éponger sa dette de cent vingt mille Francs CFA ! Ils ne sont plus ensemble depuis, mais elle passe chaque fois qu'elle peut au marché chercher son argent. Il y a aussi les trente mille Francs CFA de la grande sœur à ne pas oublier. Mais bon, il verra son problème après, pensait-il sereinement.

Aidé par Avia, il avait fixé le lit. Enfin, après onze mois, il redormait sur un lit ! Tout avait été disposé un peu selon le souci de repérer aisément les objets de première nécessité. L'essentiel étant que tout soit là. Bien qu'il soit habitué aux grands espaces, il avait justement rêvé d'une chambre pareille, dans laquelle par un rapide coup d'œil, il pourrait facilement juger son avoir. Une manière comme une autre d'évaluer à chaque fois le chemin parcouru et de mesurer celui qui reste encore à faire. Pour l'heure, il était heureux que les miracles existent encore. Il avait pu trouver une chambre, sans débourser un seul sou, au moment le moins attendu. La venue d'une aide extérieure à ses efforts de chaque jour n'avait jamais effleuré son esprit. L'Éternel reste ce Supérieur qui a écouté ses prières, mais surtout qui a agi en son temps voulu.

Fatigué de rester devant la télé, il voulut le soir même un peu marcher, question de prendre le pouls du quartier et d'avoir des repères. Il repéra rapidement deux boutiques situées à moins de deux cents mètres de sa porte, une boulangerie au carrefour Jamot, à quelques mètres de la rue qui mène à la porte secondaire de la CRTV, la télévision nationale. Il aimait les rues larges et bien tracées qui, à un tarif normal, mènent au centre-ville, à Mvog-Ada et à Mokolo. Il appréciait aussi le calme et le climat frais qui lui rappelait celui de son ancien quartier. Depuis une des deux voies éclairées de la rue, il avait une vue facile sur son domicile. Au simple jugé, on comprenait que le quartier abrite des familles aisées et beaucoup d'expatriés. En fait, celui-ci est divisé en deux : d'un côté, des maisons futuristes sont alignées tout le long des deux côtés de la rue depuis le carrefour Régis jusqu'aux Hydrocarbures. Et de l'autre côté, ternies par les premières, cachées, plutôt encerclées, ont poussé des habitations spontanées des démunis, pour que la règle du pauvre qui côtoie toujours le riche soit aussi respectée dans ce village Éwondo qui, par la force des circonstances, a vu un jour ses pistes laisser la place aux rues asphaltées, ses cases en terre battue se transformer en villas et autres habitacles modernes. Le Palais de l'Unité à Etoudi voisin et ses effets entraînant pour la salubrité, la longue tour de la Cameroon Radio and Télévision, la télévision nationale située au cœur même de Mballa II, le bel immeuble D&V en face, le quartier Bastos et son opulence un peu plus à l'ouest, y ont tout transformé en deux décennies seulement. Du temps où il y venait voir Avia, le constat avait été que les jeunes, à la différence de ceux de Mvog-Ada par exemple, avaient un esprit plutôt fils de barrière. Les filles étaient beaucoup plus réservées, dira une de Mvog-Ada, quoique toutes se retrouvent plus ou moins dans les mêmes lieux de loisir, dans la vague de déviance qui gagne la jeunesse mondiale. Cette fois-ci, il avait des voisins : des jeunes étudiantes, une vieille fille qui vivait sous les coudes de son copain, une institutrice qui élevait seule ses deux fillettes et une femme entre deux âges que tout le monde appelle Mama Ada. L'unique garçon de sa génération qui y vivait était dans la maison paternelle sur sa gauche avec sa copine enceinte. Une ribambelle de mioches bruissait dans toutes les maisons, pleurnichait tous les après-midis en jouant aux billes ou au foot. Ces gamins de moins de dix ans entraient dans toutes les maisons, sans se soucier du droit de voisinage.

Le puits dans lequel l'eau d'utilisation courante est extraite hébergeait les microbes à vue d'œil. Heureusement que la borne fontaine payante était à vingt-cinq mètres de chez lui. Avec dix Francs CFA, on y a droit à dix litres. Le puits d'eau que personne ne voulait assainir sera l'un des points sombres de son nouveau bonheur. Il suggéra pourtant aux autres tous de s'y mettre un jour afin de le vidanger et de l'assainir. Mais c'était comme parler aux sourds. Les waters étaient situés à quelques pas dudit puits, au milieu de quatre murs de tôles ondulées dans lequel trône à son centre, de même comme chez madame, un trou pour les besoins de tous. Or justement, il fut très fréquent que cette ribambelle de gamins ne puisse y faire correctement. Ils le faisaient carrément sur le sol, sans que personne ne soit gêné. Les douches quant à elles, directement de l'autre côté des waters, étaient un peu plus abordables, mais moins élégantes que chez Madame. Très honnêtement, il préférait tout faire aux toilettes publiques du marché avant son retour à la maison. Il payait les impôts un peu pour cela aussi.

Alors que Muna croyait reprendre une vie tranquille, une semaine après son déménagement, Avia débarqua chez lui très énervé. Madame déclarait ne pas le reconnaître comme locataire.

— Elle dit que l'opération a été faite sans son aval et que, si je veux être en règle, je devrais régler tes deux mois impayés. Après quoi seulement établirait-elle un nouveau contrat avec moi. Et tu sais quoi, elle dit que son loyer remonte maintenant à vingt et cinq mille Francs ! Tu comprends ça ?

Muna comprenait clairement que madame rendait caduque ses promesses, sa souplesse et ses largesses, présentement qu'il était sorti de son rayon.

— Elle me dit que c'est à prendre ou à laisser. Que si je prends, je devrais me présenter avec trois mois d'avance : soixante-quinze mille Francs !

Sans blague ! Assis sur le lit, Muna n'en revenait pas. Madame avait changé. Si tout ceci est vrai, la situation faisait de lui un partisan de l'arnaque. À voir sa mine déformée, déjà Avia pensait avoir été abusé. Chez Madame cette même nuit-là, Muna ne put faire changer les choses.

— À prendre ou à laisser.

Elle niait même avoir baissé son loyer à quinze mille Francs CFA.

— Comment aurais-je pu agréer un accord allant autant en ma défaveur ?

Elle pénétra sa chambre en claquant la porte. Ils iront en discuter dans le studio. En bon policier, Avia jouera aux enquêteurs, tandis que le *suspect*, Muna, ne savait que faire d'autre pour démontrer sa bonne foi. Tandis que son ami avait un jugement brouillé par les circonstances, Lili, la copine à son ami Avia, avait un regard qui lui recommandait d'avoir honte d'abuser un frère et ami. Rémi, un cousin à Avia, assis à un bout du salon avait un regard encore plus lapidaire. Avant d'être condamné, Muna aurait bien voulu qu'ils fassent l'effort de comprendre le jeu que leur joue le bailleur. En fait, Madame sachant que son ami avait des possibilités de payer, avait décidé de jouer son va-tout pour percevoir son dû et se repositionner dans ses loyers. Muna un peu tardivement peut-être, se rendait compte que celle qui vivait seule sans aimer voir personne chez elle, aurait tout aussi bien le diable pour compagnon. Le vrai visage de la mère qui avait abandonné son fils unique dans la dure bataille de la vie, qui aurait voulu tailler sa belle-fille selon ses propres goûts et qui à présent reniait le « fils adopté », se montrait à découvert. Heureusement pour Muna que Avia n'était pas un homme à tout grossir dans sa tête. Il décida de remettre à Madame, et le lendemain même, vingt-cinq mille Francs CFA au compte de l'ami et deux mois de loyers renégociés à vingt mille Francs CFA le mois.

C'est après cet épisode que Muna se mit à refaire vraiment sa vie. Les jours suivants lui donneront amplement raison. Décidément, Madame ne voulait pas du couple chez elle. Elle était en conflit permanent avec Lili qui avait fini par créer un coin cuisine dans son living, pour éviter de la croiser en cuisine. Jusque-là, Madame était toujours aux abois, faussement inquiète pour ses murs. Avia se plaignait à chaque fois du caractère agaçant et des mots très choquants de Madame. En deux mois seulement, le bonjour avait cessé. Provocatrice, elle arrêtait le compteur d'électricité selon ses humeurs, exigeant de nouveau vingt-cinq mille Francs CFA de loyer mensuel. Elle accaparait de la cour commune juste pour pourrir la vie à ses locataires. Tout ceci choqua profondément Muna qui eut de la peine pour le couple.

Un soir, Avia débarqua chez lui dépassé par les événements.

— Elle est cinglée, cette femme. Et elle ment comme jamais, je n'ai vu une grande personne faire.

Il n'avait pas tenu longtemps. Il déménagera cinq mois après pour un studio plus petit, à Émombo.

8

Une fois à Mballa 2, le jeune homme vivra avec moins de tension. Il avait l'impression de s'être débarrassé de quelques poids ou d'avoir dénoué quelques nœuds qui l'ont handicapé pendant longtemps. Il est vrai qu'avec le ralentissement des activités dans son marché, il n'était point au paradis, mais pour une fois, la machine à broyer les efforts ne l'avait plus constamment dans sa ligne de mire. Il se sentait léger, capable de remonter de l'abîme d'où sûrement, il se serait noyé sans le concours du dieu des circonstances et de Avia. Deux mois après son aménagement, il se remettait aux achats. Deux petites marmites, une grande bassine pour la conservation de l'eau de sa lessive, des seaux pour l'eau potable, des cuvettes et du gaz, tout en ne cessant pas de désintéresser ses créanciers. Il avait aussi fini avec le cas Marles et pensait à présent à celui de sa grande sœur. Très souvent maintenant, sa copine passait les week-ends avec lui. La cuisine qu'elle lui faisait tenait pour deux ou trois jours. Et lorsqu'elle était occupée par ses affaires, il se mettait lui-même au four. Cuisiner à la maison était source de beaucoup d'économies.

Son esprit avait cessé de se cristalliser sur les questions immédiates du manger et du loyer. Très sereinement, allait-il à son job à présent, confiant d'avoir à manger, ne serait-ce que du riz sauté à son retour. Les mois passés dans la tourmente et dans la pression lui ont donné assez de cran et d'expérience pour dominer et gérer les situations désespérées. À présent, il trouvait calmement la solution dans son lit.

Au début du quatrième mois à Mballa 2, comme il en avait été de son portable, sa télé se grilla après une coupure d'électricité. Mais ses véritables soucis étaient ailleurs, dans son besoin réel de liquidités, afin d'asseoir son autonomie auprès des déballeurs. Chose très difficile depuis deux ans sans capital. En réfléchissant bien, le marché ne tardera pas à se muer en mal. La pression a baissé parce que bien de choses ont été allégées par le déménagement, et non pas puisque le marché a cessé d'être une fossoyeuse. Le vrai problème de sa survie quotidienne reste à être résolu. En réfléchissant bien, sa condition actuelle ne lui permet qu'un sommeil profond les nuits, loin de tout cauchemar. Aussi, de prendre quelques kilos et de payer son loyer au prix d'efforts réduits, cependant sa vie n'a reçu aucun antidote contre la précarité. La question est restée actuelle : que faire pour vivre aussi cette vie à laquelle l'on prévoit, fait des projets et prend plaisir à la vie ? Quelle est la formule de la sortie de la prison de l'informel et du vivre au jour le jour ? Si seulement par miracle, cent mille Francs CFA venaient à renflouer son capital, il ferait un malheur, à présent qu'il maîtrise les rouages de la friperie. Surtout qu'il y est accepté, qu'il a fini par avoir la confiance de tout le monde et qu'il reprend confiance en lui-même. S'il est parvenu à survivre, à se nourrir, à s'acheter du nécessaire en tournant avec l'argent des autres, c'est parce qu'en plus d'être sous la main de Dieu, il avait été rusé. Sinon, comment aurait-il pu gérer toutes les situations auxquelles il s'est confronté jusqu'à présent ? Du premier jour de l'An deux mille jusqu'à la nouvelle entrée de Avia dans sa vie, il n'avait pas obtenu cinq mille Francs CFA non remboursables de qui que ce soit. Même sa grande sœur lui avait bonnement emprunté les sous. Sa fierté est qu'il a réussi à se surpasser et à tenir, mal an bon vent, dans une ville étrangère et individualiste, comme le sont toutes les métropoles du monde.

Au cinquième mois, sa copine retourna suivre une nouvelle formation à Limbè, dans la région du Sud-Ouest, auprès de ses parents. Muna en profita pour se concentrer sur son avenir. Une nouvelle opportunité de faire tomber une à une des barrières qui mettent en panne, celles qui emprisonnent d'une façon ou d'une autre, selon le principe même de la survie. Il devrait cesser de voir son handicap financier en ennemi et beaucoup plus en avantage, même s'il était conscient qu'il fallait avoir un vrai soutien pour vite réussir dans le domaine commercial, aussi petit soit-il. Ceci est nécessaire pour brûler certaines étapes que sont forcées de faire les personnes qui n'ont personne. Il faut au moins se regrouper, combattre l'adversité en créant des dynamismes capables de régenter les efforts qui mènent à la sortie du tunnel. Au Cameroun, c'est connu : « *on est quelqu'un derrière quelqu'un* », parce qu'aussi les banques n'ont aucune politique d'emprunts en faveur du secteur informel. « *On n'emprunte qu'aux riches* », dit l'adage.

Il était devenu si connu dans les marchés de Yaoundé qu'il n'y pouvait plus passer inaperçu. Selon le génie qui s'est exprimé en lui dans une circonstance, il avait toutes sortes d'appellation. Pour certains, il est le « *connaisseur* ». Entendez ici, celui qui maîtrise les vêtements de marque. Pour d'autres, il est le « *scincé* » ou celui qui n'est plus premier *Gaou*. Ailleurs, il est le « *scienceur* » ou celui qui a le tempérament d'un scientifique devant toute situation délicate. Partout, il est le professeur qui apprend aux nouveaux les secrets du métier que les anciens préfèrent parfois garder pour eux. Dans tous les marchés, il était devenu ce maître vers qui on va acquérir la connaissance. Sa rage de citoyen oublié avait avec le temps disposé son esprit à aider ceux qui n'avaient pas encore compris ce qui les attendait dans ces marchés aux âmes apparemment conviviales, et pourtant creuses dans le fond. Au marché Mvog-Ada par exemple, depuis qu'il est devenu l'ami de tout le monde, voire le confident de certains, depuis qu'il dédramatise toute situation critique grâce à son optimisme un peu trop osé, il avait été surnommé par Théo avec qui il était devenu plus que pote, « *l'homme de l'espoir* ». Au fil des temps, il avait fini par s'imposer comme porte-parole du boulevard. C'est lui qui exigeait, au nom de tous, le respect de leurs droits de sauveteurs devant de véreux agents de la mairie ou qui plaidait auprès des partis politiques venus promettre l'irréalisable lors des enrôlements.

Dans le souci de se donner un peu d'assurance, lorsque la journée avait été grise, Muna s'écriait : « *Demain est un nouveau jour, inch'Allah !* ». Ce qui faisait pouffer de rire tous les fripiers. Et quand parfois la pluie dictait sa loi, on l'entendait rappeler que tout passe, en imitant le ton particulier d'un bon Éwondo.

— Ahka, on va faire comment ? Si on ne vend pas aujourd'hui, on va vendre demain.

— Et si demain, on finissait élan-élan, sans-dame ?

— Après demain sera là. Personne ne mourra. Ca ne tue pas de rester un ou deux jours chez soi à lessiver et à draguer, les gars, le temps que ça se calme.

Et lorsque la présence des agents de la communauté urbaine faisait disparaître les habits sous les comptoirs du marché, c'est encore lui qui intriguait ses collègues, assis dans un coin, surveillant d'un œil très vif et discret les allées et venues des agents des impôts, toujours prêt à emballer, qu'il fallait payer le Ngomna, le gouvernement.

— On ne peut pas payer sept mille Francs d'impôts pour quelques vêtements de deux mille Francs au comptoir. L'État n'a qu'à avoir des yeux et des oreilles ; le gouvernement, de bons conseillers et le pays, des représentants qu'il lui faut. Emballons les gars, demain, il y a vie.

Pour ceux étant habitués à subir les assauts récurrents de ces agents, il incarnait l'espoir dans la résistance, celui qui ne baisse jamais les bras, qui négocie toujours et toujours. Celui qui espère encore et encore, même face à une cause perdue, qui est toujours en attente d'un lendemain qui forcément sera meilleur. Les soirées dans lesquelles, ce fut caillou, même lorsque le débit d'entrée des clients avait atteint le niveau zéro, il espérait encore vendre.

— Dieu lui-même sait que j'ai besoin d'argent… Mon client se lave encore… Il sera là bientôt. Comme vous êtes découragés, sachez que celui qui vient sera mon client. Je vous le dis une fois.

Théo l'avait surnommé « l'homme de l'espoir ». Il avait pour habitude de rappeler aux sauveteurs qui ne pouvaient se libérer de leurs impôts, malgré la bonne volonté, d'emballer pour quelques jours et de rentrer au village cultiver la terre. Et des fois où tout le monde avait emballé par découragement avant seize heures, il fermait le marché après dix-huit heures en tenant compagnie aux Bayam-sellam. Blindé par toutes les vagues bravées sans planche à surfer, depuis presque cinq années, Muna prenait à présent la vie du bon côté. Il était de plus en plus convaincu que se plaindre, au lieu de batailler dur pour se tracer soi-même un destin, est contre-productif. Il ne gémissait plus après une mauvaise journée. Il semblait même ne plus craindre les nuages qui menacent les samedis. Il avait choisi vider le cache de sa mémoire, depuis qu'il était convaincu que tout fripier au Cameroun est un oublié qui refuse simplement de s'oublier lui-même. Le peu qui s'en est sorti, si l'on s'en sortait vraiment sans casse, avait eu quelqu'un pour soutenir les arrières, pour ravitailler au moment de la disette. Quelqu'un pour boucher les trous ou qui, tout au moins, lui avait appris à éliminer à temps certaines marges illusoires. Il est très facile dans ce secteur pas réellement pris en compte par le gouvernement, de couler du fait de ses seules brasses. Mais un secteur, ô combien, générateur de devises à l'État ! Dans les années deux mille, jusque vers deux mille dix, voire plus, les impôts dont s'acquittaient les fripiers ne leur offraient pas en retour une couverture sociale. Dans ce milieu, il a connu la faillite des anciens, la sécheresse des baobabs, le retour définitif de plusieurs dans les plantations du village, et même un ou deux décès causés par la précarité. Il avait connu plusieurs qui, pour ne pas se noyer, ont préféré sauter du train en se faisant établir en toute illégalité un permis de conduire, préférant une mort beaucoup plus douce comme chauffeur de taxi.

Moqueurs, les clients traitaient de plus en plus ceux qui sont restés d'extra-terrestres, de personnes n'ayant rien d'autre à faire. De ceux qui plombent chaque jour les meilleurs moments de leur vie qui sera, pour beaucoup, assez courte, au vu de leur mode de vie. Mais que faire pour ne plus tirer le diable par la queue ? Alors que la pauvreté gagne le pari des 70 % de la population jeune dans un pays en train de bazarder toutes ses entreprises sur injonction du FMI et de la Banque mondiale ? Pour tenir, beaucoup se tournaient vers les marabouts, les diseurs de bonnes nouvelles, les liseuses de crânes et des cauris, les fabricants de gris-gris et des portemonnaies magiques, sachant pertinemment que ce serait toujours fou de rester dans ce marché.

9

Muna était également impressionnant lors des débats.

— Toi le manna-ci, tu no spik, kaï !

Haminou était revenu après un tour dans son Poumpoumré natal. Lorsqu'il fallait tuer le temps en l'absence d'activité, Muna devenait bon discoureur, prophète perdu au milieu de brebis désolées et qui ne demandent que du réconfort. Il était leur analyste amateur de la chose politique, un économiste en herbe dépassé par le secteur de la friperie, un critique d'une société qui les vilipende tous. Un chroniqueur sportif qui est un supporteur des Lions Indomptables, l'équipe nationale de Football du Cameroun. Mais un chroniqueur sportif qui refusera plus d'une fois de faire une analyse teinte de beaucoup trop de chauvinisme. Il s'était très vite imposé dans les débats, depuis la main tendue d'Anthony, le vendeur de draps qui l'a introduit dans le cercle des discussions. Comme un borgne au pays des aveugles, il était un messie qui tire sur les pharisiens des temps modernes, à qui il reprochait de parler faussement des choses qu'il avait apprises, lui, à l'Université. Il était l'intellectuel échoué sur la berge de ceux qui, pour la plupart, n'ont pas atteint la classe de troisième. Il était cet échoué sur les rives des analphabètes qui étaient pourtant d'ingénieux commerçants. N'est-ce pas « *C'est dans le sang* », comme lui a dit le monsieur du marché Mfoundi ?

Muna en dominait beaucoup par son esprit fort et son quotient intellectuel nettement supérieur à la moyenne, et dont il fait preuve en tout lieu et en tout temps. On venait à lui pour conclure les « *côtés* », les paris, pour être d'accord sur une incompréhension, pour une question de droit ou simplement de logique, pour s'assurer que ce qu'on croit est vrai. Le pire, dans tout ceci, est qu'il était condamné à toujours savoir, car on lui en demandait un peu trop à la fin. Lorsqu'il ignorait, presque personne n'en savait. Mais sa parole ne fut pas toujours bue avec délectation. Loin de là. Parfois, des points de désaccord se dessinaient dans des conversations au moment où les passions voulaient s'étouffer les unes les autres. Tout le marché tirait alors ses oreilles vers le boulevard déchaîné, d'où les camps s'étaient formés, selon que l'on parle religion, foot, politique, musiques, de la dernière mode ou de cette dernière danse jugée immorale par ceux qui donnaient raison au professeur Mendo zé, DG de la CRTV. Tout y passait. Très souvent, le débat commençait par une parole lancée à tout hasard, ou par une question posée, encore plus si celle-ci est idiote, à partir d'une histoire vécue ou non, que l'on raconte vivement.

Haminou vint un jour, avec une de celles à dormir debout, ou plutôt à mourir de rire.

— Gars, on m'a raconté une histoire qui s'est tenue *from* à Buéa. Un croquemort avait *fisham* un beau cercueil. Dans le *kouat* où il *stéyait*, il y a eu deuil. On est venu lui acheter son chef-d'œuvre. Mais il avait l'âme d'un collectionneur. Après l'enterrement, il a eu le cœur pincé de savoir que son œuvre allait pourrir. Il engagea quatre *manna* très chauds de le lui ramener après l'enterrement. Il leur donna chacun cinquante *kollo*. Les *nguémé man* n'ont même pas hésité à *tchàh* les *do*. Dans la *naït*, ils ont creusé la tombe et *mouf* tous les *tin'nguè* au mort, puis ils ont enterré de nouveau le corps dans le *cool*. En passant, ils ont même *tchàh* la croix à leur propre compte. Ils ont tout *poùt* dans une bâchée. En chemin, contrôle de police à trois cents mètres. Ils se sont arrêtés pour *sciencer*. Quelques minutes après, l'un d'entre eux eut une idée : « *Si vous me donnez dix-dix Kollo chacun, je crois avoir la solution.* » … Mais dix Kollo, c'est quoi dans trois cents tickets et la porte d'une prison bien ouverte ? … Gars, on organise ? ».

Haminou demandait une partie de *Tchaka* à un habitué de la carte qui passait dans le coin, au moment où toutes les oreilles attendaient la suite de l'histoire.

— A nah wé Haminou ! Tu n'as même pas encore fini le solo que tu veux déjà jouer à la carte ?

Le blanc espérait impatiemment la suite.

— On t'a dit que je suis *awoula-woula* ou *mini pam-pam* ? Tu m'as *nié mi-nista* ? Bon, ok, pour le frère en Christ… Tenez la suite. Après avoir empoché les *do* de ses complices, le malin se dirigea vers la malle arrière. Il se vêtit des *tinguè* du mort, jusqu'aux gants. Le Rambo posa le cercueil sur sa tête et prit la croix sur une main, après avoir demandé aux autres d'aller l'attendre après le barrage de la police. Puis il fonça droit sur les *Mbéré*. Ces derniers lui ont demandé ce qu'était ce cirque. Il leur a répondu calmement : « *On m'a enterré dans un endroit où il fait trop chaud, je vais du côté où il fait un peu frais.* ». En quelques secondes, la rue était déserte. From-from, les policiers avaient djùm chacun dans son sissongho.

Haminou n'avait pas fini son histoire que tous étaient déjà morts de rire. Pendant plus d'une minute, personne ne réussira à en placer une. Puis, comme délivrés d'un coup, ce fut le jet des mots. Le conteur fut traité de tous les noms, faisant de lui un menteur. Haminou refusait pourtant de s'incliner.

— Selon vous, une pareille chose ne peut pas être vraie ? Vous pensez que les djoh qui font le trafic d'ossements humains font comment pour les avoir ? Ils djùm dans les tombes.

— Le *waï*, qui t'a raconté cette histoire ?

— C'est « On ». Haminou avait répondu en sortant un jeu de cartes dans une des poches de son pantalon jeans. « On » là, c'est qui ? Han ! Inh, prends dans ma bouche, han.

 Haminou avait ouvert grandement la bouche en invitant l'incrédule de prendre le nom du « on » dans sa gorge.

— C'est sûr que tu étais parmi les quatre et que tu as simplement déplacé les dates.

— On ne révèle pas ses sources. On organise gars.

Sur un comptoir Haminou avait lancé le coup *ngoma* du *Tchaka,* le jeu de cartes dont la mise était à cinquante Francs.

— Je ne suis pas de ceux qui ont l'âge de Kumba. Je ne waka pas avec les poils blancs aux narines, avec le même âge que mon fils de vingt ans.

C'est ainsi que très rapidement le débat aboutissait sur le vieillissement des joueurs de l'équipe nationale, puis glissait petit à petit sur le rajeunissement des stars. Aladji disait même avoir lu quelque part, que certaines stars très adulées baissaient leur âge pour faire rêver les jeunes du monde entier. La réussite précoce.

— Tu as raison. Regardez un peu celui-là, hein, zi quoi là encore, oui, lui et sa calvitie.

— Ce n'est pas vrai, Zizou est encore jeune !

Très souvent, c'est au soleil qui s'en va de les chasser. Mais demain, ils reviendront pour un autre débat encore plus chaud.

— Vous avez entendu comme moi ? Des prêtres catholiques très pédo et homo. On a montré à la télé hier, j'ai vu.

En cinq minutes, le débat très religieux faisait deux camps. Des camps habitués à se confronter chaque fois qu'on y tombe. Whatt le blanc, nouvellement converti par une église réveillée avait des difficultés à conserver sa foi au milieu de gens qui tirent en toutes occasions sur des religions, les religieux et lapident les livres sacrés. Il était surtout l'objet d'ironie de la part de ceux qui savaient son passé, qu'il jugeait lui-même avoir été plus proche de Satan, sur la route de l'enfer que du ciel. Avant sa conversion, il n'allait jamais au lit avant deux heures du matin. Il avait été en ville tous les jours, dans les bordels, dans les maquis, et dans les bars de la rue de la joie d'Ékounou. Son casier judiciaire était presque vierge pour un garçon de Mvog-Ada. Il n'était sali que par six mois d'emprisonnement à la prison centrale de Kondengui, encore surnommée la onzième province. C'était pour un délit mineur où, selon ses propres termes, il ne faisait que passer. Whatt était connu de tous les couche-tard et des fêtards de la capitale, mais également des dealers avec qui il a flirté à un moment de sa vie, par une bonne partie de truands. Il était l'ami des policiers. Le G.M.I, Groupement Mobile d'Intervention, était devenu sa « garde rapprochée » par la force des choses. À force de le croiser dans les coins bruyants de la cité capitale, ses agents ont compris que ce jeune homme ne demande qu'à vivre. À quitter ce complexe qu'ont la plupart des albinos, contraints par l'œil d'autrui à la honte, à cause de la différence de peau. Il avait été plusieurs fois raflé par la police lors de ses sorties nocturnes et plusieurs fois aussi, il avait été inquiété par des braqueurs qui lui avaient demandé de vite se tirer du secteur afin d'opérer en solo. Mais au lieu de filer, le blanc raconte s'être toujours caché dans un coin pour admirer le boulot. Il avait ainsi été témoin de viols collectifs, sans jamais dire s'il en avait été co-auteur ou non.

— J'ai de quoi tenir mes enfants au chaud, en leur parlant de ma vie.

C'est vrai qu'il en avait à raconter. Sur les femmes qu'il a trompées, sur celles qui l'ont chouchouté. Telle cette dame bien de là-bas qui alla avec lui, crédule de la vieille superstition faisant croire que l'albinos apporte des bénédictions à celle qui couche avec lui ou possède un échantillon de ses cheveux sous son oreiller. Il disait s'être réveillé plusieurs fois justement, avec des cheveux en moins. Rien n'a donc préparé les fripiers à le voir un beau jour se réclamer fils de Dieu le Père, avocat de la moralité chrétienne, promoteur de l'image céleste. Surtout membre d'une église dite réveillée et prêchant à tout vent contre la fornication et autres excès de la chair. Pour ironiser, le *hôt*, les sauveteurs avaient commencé à l'appeler « frère Whatt ».

Sur un thème religieux lancé comme celui de la pédophilie et de l'homosexualité, sa position, comme il fallait s'y attendre, était que tous ces prêtres iraient tout droit en enfer après le jugement dernier. Théo lui rétorquait que l'enfer-là ne doit pas exister quand on sait que ce sont ceux-là mêmes qui enseignent la volonté du Seigneur, la bible à la main comme lui, qui s'en écartent le plus.

— Une preuve que le monde est berné et que la bible est un livre des hommes pour les hommes contre les hommes beaucoup plus faibles.

Un autre fripier donnait raison à Théo

— Les livres dits saints sont comme la loi du plus fort qui ne s'impose qu'aux plus faibles et aux ignorants. Ceux qui poursuivent la moralité et la justice idéale sans réfléchir deviennent pauvres. Ceux qui ont compris qu'il fallait l'instrumentaliser en sont devenus riches.

Pas du tout d'accord, Whatt contre-attaquait. Dans le boucan établi ainsi avant neuf heures du matin, Muna essayait de faire la part des choses.

— On peut approcher de la vérité, accepter l'existence d'un seul dieu qui a posé des règles morales selon sa conscience qui parle en chacun de nous, et néanmoins tomber dans la tentation. Parce qu'on est humain ayant le libre arbitre dans une forêt de choix.

Pour Tayou, parler de Dieu aux humains, c'est être un fils de démon qui ne veut pas prendre sa vraie place ni montrer son vrai visage. Le Cogneur était du même avis. Il ne se gênait pas d'affirmer que Dieu n'existe pas et que seuls les crânes sauvent. Devant les yeux dubitatifs, il racontait comment dans son village, il avait, sans délai, des réponses venues du crâne de son arrière-grand-père décédé depuis fort longtemps, avec qui il continue de communiquer de visu !

— Voilà l'efficacité ! Dieu ne parle plus. Il n'a même jamais parlé. Il a été tué, attaché au bois et chassé de la terre.

JM, l'un des doyens du marché disait toujours au Cogneur de faire très attention avec un tel raisonnement blasphématoire.

— Chacun a son dieu, même dans la bible, on parle des dieux. Les Égyptiens en avaient plusieurs. Des dieux différents de ceux des Grecs qui à leur tour différenciaient des dieux des Cananéens et des animistes. Par conséquent, si tu as ton dieu, laisses la liberté d'esprit et la paix aux autres de craindre le dieu véritable.

JM était Témoin de Jéhovah. Chaque fois qu'il intervenait dans un thème religieux, il était tout excité et radical. Ce qui lui collera rapidement tout le monde à dos. On lancera des fois des inepties pour le faire se mouiller. Une fois qu'il était pris, on riait sous cape. « *On l'a touché, il est touché* ». Il se retrouvait le plus souvent tout seul dans son camp, depuis qu'Anthony a quitté le marché. Très souvent, Whatt le blanc et lui n'étaient pas du même camp. Il ne partageait non plus la position de Muna lorsqu'il était question des guérisons par la parole divine, notamment ceux qui stipulent dans Marc 16, versets 16 à 18 « *qu'il y a des miracles qui accompagneront ceux qui auront cru* ». Pour JM et son obédience religieuse, les paroles bibliques sont seulement là pour nous dire ce qu'est Jéhovah, ce qu'il veut de nous et dire son amour pour l'Humain. Pour Muna au contraire, la parole est en plus une puissance, et le verbe qui a tout créé est une épée dans la lutte spirituelle. Plus loin, ce même JM, enrôlé par la raison, soutiendra Muna contre Whatt le blanc au sujet d'un prophète, Jésus, qui serait « *Le Seul Chemin, la Vérité et la Vie* ». Muna disait ne pouvoir s'imaginer que tous ces musulmans qui prient cinq fois par jour, le front baissé au sol sans être des djihadistes, mais plutôt des soumis devant Allah, leur « seul vrai dieu » qui n'est jamais différent de celui du « dieu véritable » des témoins de Jéhovah ou des catholiques, qui sont en plus charitables envers leur prochain, de même que tous les bouddhistes priant en signe de rabaissement, ayant un cœur bon et tous les autres soumis devant un Éternel, iront en enfer parce que n'ayant pas reçu la bible à la place du coran, de la thora, ou du livre de Bouddha. Le « Dieu Bon ou Véritable » les ayant mis sur terre pour seulement amuser la galerie judéo-chrétienne.

— Penser ainsi est de l'extrémisme chrétien. C'est faire de L'Éternel une caricature de cirque, voire un esprit qui se délecte des affrontements entre humains. On sait bien que les guerres les plus meurtrières de toute l'histoire de l'humanité sont nées dans l'esprit des intolérants et des religieux.

Mais JM devenait prudent avec Muna pour qui toute religion est une société close, au même titre que tout ce qui est « isme » et « ique » fait partie d'un système.

— Avec la religion, l'on parle de systèmes de pensées élaborés par un maître, un gourou, un rabbi, un dalaï-lama, un initiateur, un chef spirituel qui refuse à celui qui emprunte sa voie de regarder celle d'un autre. Ni à gauche ni à droite, mais plutôt droit dans ses yeux, afin de mieux boire ses enseignements qu'il sait annihilant la raison de ses sujets. La religion est le sédatif de la politique d'un système et du système d'une politique. Dans le monde d'aujourd'hui, les promoteurs d'une religion managent celle-ci comme un parti politique. Les lieux de cultes sont devenus de véritables entreprises à faire du sou. La religion est même un peu plus prostituée chez certains Africains désespérés. C'est ainsi que l'on peut voir ces promoteurs organiser des meetings, haranguer les foules, disent-ils, pour défendre l'omnipotent, parler pour l'omniscient, avec Marie à la place de Jésus chez certains. Les archanges et leurs saintetés sont devenus des dérivés, logos et mascottes qui font vivre l'église. Dans la concurrence établie un peu partout dans la même ville, parfois dans le même quartier, ils produisent des musiques mondaines aux paroles religieuses, deviennent des stars idolâtrées aux apparences humbles, recueillent des prosélytes vite transformés en fans. Sous certains cieux même, ils visent le pouvoir et la suprématie sur tous les autres « isme », afin de n'asseoir malheureusement que le même gouvernement imparfait propre à toute œuvre humaine. Un système, politique ou religieux, utilise les hommes qui ne font qu'y passer. Il les enrôle et les formate à marcher tout droit, et jamais jeter un clin d'œil chez le voisin d'à côté, jamais hors des rangs. Pour cela, la religion, suspend-elle une épée de Damoclès qu'est l'enfer sur la tête « imbécilisée ». C'est le feu promis aux mécréants, aux jugés impurs ou qualifiés d'insoumis au jugé ; c'est le coin du dieu Hadès pour tous ceux qui ne sont pas « *dans le Seigneur* ». Comme si cette terre était loin de faire un enfer dans les temps qui courent. Tout droit… hop là ! Ne regardez pas à gauche, ce sont les infidèles. Inch' Allah ! S'il plaît à Allah, ils iront en enfer, car ils ne connaissent pas Mohamed le prophète, ils ne lisent pas le saint coran. Ce sont des âmes impures. Attention, à droite ce sont des pécheurs. Ils ne font pas le signe de croix et n'encensent pas Marie comme la mère de dieu. Voyez-vous ! Ils ne louent pas le très Saint-Père descendu élire domicile au Vatican…

Muna illustrait ses dires aux pas militaires, avec des gestes rappelant la marche commando des soldats dénués de toute faculté de penser, comme en méprisait Einstein. Ce qui faisait rire tout le monde.

— Holà, tout droit, ne regardez plus par-ci, par là, ils sont des bouddhistes. Ils utilisent encore trop de bougies et croient en la réincarnation, alors qu'il faut croire que l'âme est périssable et que l'être charnel n'est plus rien après la mort. Rien, après avoir pourri sous deux mètres, ou brûlé et ses cendres dispersées au quatre vents ou dissoute dans l'eau de mer. Peut-être devient-il l'asticot ou la nourriture pour les algues, mais surtout pas la fourmi comestible des Asiatiques. Devant vous, poitrines bombées, vos cous sont-ils bien roides ? Trêve de propos blasphématoires dans les rangs ! Évitez ceux qui ne parlent pas en langues, ceux qui ne lisent pas la bible du nouveau monde et ne peuvent faire un don de sang de peur d'intervertir les âmes, quitte à perdre une vie. Pertinent n'est-ce pas, pour ceux qui sont témoins du don de sa vie pour le salut de tous ? Hop là ! Ceux-ci lisent plutôt la traduction de Louis Second. Ils se sont contentés des extraits. La Vérité leur est toujours cachée.

Muna grossissait la voix pour faire le commandant des troupes.

— Faites attention de dire que les juifs ont tué leur messie, pour la grande joie des autres, les Arabes ou les chrétiens beaucoup trop royalistes que le roi. Leurs sympathisants vous taxeront d'antisémites. Comme si pour l'Africain, l'Arabe était moins blanc que le caucasien. N'oubliez pas qu'ils l'ont renié et lui ont préféré un brigand. Qu'ils lui aient perforé la peau pour qu'il s'en souvienne comme il est aussi écrit que c'est par la jalousie que Jéhovah vous sauve. Croyez seulement. Mais la Thora n'est pas la Bible… Marchez tout droit ! Les bougies et l'encens puent les sectes et la pensée animiste. Ils ont des effigies, des idoles et des chansons qui font cambrer les nones dans les cathédrales. Mais shuttt ! Ce ne sont pas des représentations. Et même, ne dit-on pas que tout est fait pour la gloire de Dieu ? Tenez, d'autres le font hors des églises, les mondains qui prient sous tout arbre vert, dorment tard après la boîte et croquent les écorces. Ils cherchent encore le nord, comme d'autres cherchent ou attendent toujours le messie, que beaucoup en Afrique découvrent chaque jour scintillant sur le faîte des arbres pour plaire au Vatican. Quoique, en considérant toutes les voies qui sont données à nous, aussi différentes les unes des autres, ce ne soit si sûr que tous parlent du même paradis. Plusieurs ont perdu le leur et tentent le tout pour le tout de pénétrer, même par effraction, celui des autres. S'ils ne le font pas en imposant par la violence des épées un nouveau, trouvé dans l'aspiration des plus pauvres à vivre dans un monde beaucoup plus juste, en tentant de se construire un nouvel ordre mondial à chaque génération… Que celui qui a les oreilles pour entendre, entende.

***

IB, un cousin à Muna qui se frottait à la vie des sauveteurs depuis quelques mois, le cœur pris entre une radio privée où il est stagiaire et le secteur de la friperie toujours attrayant de l'extérieur, avait trouvé en Muna un initiateur dans le secteur. Chaque fois après la radio, il venait apprendre le métier. Tout comme Haminou, il avait des scoops qui laissaient tout le monde à la renverse.

— Les Américains annoncent que Ben Ladin s'est encore échappé à dos de chameau, avec son ami aveugle le Mollah Omar qui zigzaguait sur une moto entre les bombardements de B.52.

Avant dix heures de ce matin-là, les débats avaient été lancés, entrecoupés par le seul souci de servir un client, pour s'installer définitivement autour de dix-sept heures sans avoir été vraiment interrompus. Des camps s'étaient formés, selon qu'on était pour ou contre la guerre, avec ou contre les talibans, ou les États-Unis.

— Les Américains prennent le monde pour l'avant-dernière scène d'une tragédie hollywoodienne.

IB remettait une couche à chaque fois que les esprits se refroidissaient. Et l'appât fonctionnait toujours. Aladji s'était lancé.

133

— D'abord, ils nous disent avoir un espace aérien inviolable, mais le monde de la globalisation voit tomber les Twins, comme un jeu de cartes. Pour rincer la honte, ils pointent un doigt accusateur réellement devin vers le pauvre Arabe chez qui est supposé se cacher un riche mouton noir en la personne d'un ancien copain Saoudite.

— Mais ce faisant, ils bombardent plutôt des pauvres Afghans un jour de noces et menacent leur allié Irakien à l'extermination. Parce que selon eux, en abritant ceux ayant attenté à « l'axe du bien », les Talibans sont entrés dans « l'axe du mal », contre lequel il faut aller en croisade. Déjà, dans un orgueil à la dimension des scenarii Hollywoodiens, ils annoncent que l'initiateur de ces attaques est traqué. Qu'il ne vit plus que dans les grottes poussiéreuses de Thora bora bondées de rats, et qui implosent à leur tour au-dessus de lui. Ne nous ont-ils pas dit que les B.52 et d'autres invisibles avions détecteurs de chaleur humaine l'ont cloué comme un rat ?

— Aujourd'hui, la version change.

JM relançait en gesticulant comme s'il aura quelque chose à y gagner.

— Ils sont dépassés, mais n'osent l'avouer. Ils disent que ces deux-là se sont échappés à cheval ou à dos d'âne ! Les deux complices sont de bons rats alors ?

— Les rats creusent toujours plusieurs sorties. On sait ça chez nous, à Makénéné.

Docta dans un humour sarcastique venait de coucher tout le monde au sol.

— Je vous dis, c'est ce que font les rats. Toujours deux trous.

— Ce n'est pas un problème, le temps ne compte pas ici. À la fin, vous verrez. Ils attraperont ce meurtrier et lui feront la peau devant un tribunal…

— … Un tribunal à leur solde, tu veux dire.

— Prenez ça comme vous voulez. Lorsque les Américains te traquent, ils te retrouvent. Même plusieurs années après. Personne ne doit tolérer un tel acte. C'est de la barbarie. Rien de rien ne justifie un tel acte.

— Mais qu'est-ce qui n'est pas barbarie ? La tuerie aux B.52 ou les bavures qui laissent des cadavres derrière elles ? Ce sont aussi des terroristes ces Américains.

— J'ai toujours dit que c'est une guerre à laquelle l'on voit des extrémistes chrétiens contre les extrémistes musulmans.

— Tous des terroristes, tu as raison Muna.

— Dieu se moque de les savoir se guerroyer pour sa cause. Il serait même plutôt emmerdé, parce qu'ils mettent son nom comme justificatif des massacres. Il n'a pas besoin d'un tel holocauste.

— Je ne suis pas d'accord Muna, les morts que font les Américains sont des dommages collatéraux.

— Dommages quoi ? Une autre stupidité comme l'invention de la guerre préventive contre l'Arabe Irakien. Les Européens possèdent la bombe atomique et le virus des belliqueux dans le sang, pourquoi ne pas y faire la guerre préventive ? Non, solidarité raciale oblige. Entre nous, seuls les autres sont des barbares alors.

— Je crois également que l'Amérique devrait revoir ses ambitions de domination sur le monde à la baisse, puisque le règne américain est à son déclin.

Whatt venait chercher les premiers sacs, le marché se vidait petit à petit.

— Il est écrit dans la Bible que l'homme cherche à dominer l'homme à son détriment. Nous savons que la domination anglo-saxonne touche à sa fin. Après le sommet, la descente.

Bao le pousseur, qui passait par là, relança le débat en traitant Ben Laden de meurtrier de dix mille personnes.

— Un tel démon ne devrait même pas être jugé. Il mérite tout simplement la pendaison.

Jim en profita pour en remettre une couche.

— Pousses en paix Bao. Les vrais meurtriers à bien regarder sont les occidentaux qui, pour imposer le gouvernement du monde, sont pour tous les extrêmes. Le monde vivrait en paix si le blanc n'était pas de nature aussi belliqueuse et égoïste.

Muna était contre la solution américaine de faire la guerre aux plus pauvres, à ceux qui ne savent rien des desseins d'un milliardaire qui sûrement aurait des raisons de s'attaquer à ses anciens potes, en faisant malheureusement aussi des dommages collatéraux.

— Combattre la terreur par la terreur, le mal en faisant le mal, comporte en soi-même des germes qui tuent dans l'œuf le droit d'obtenir raison devant les autres humains sur terre. Le faire est tout facilement en train de pratiquer la loi de talion. C'est valider le droit longtemps rejeté de Périclès. Un droit ni juste, ni humanitaire. Il serait intéressant que, devant un tribunal, Ben Ladin vienne donner les raisons de ses agissements, certes difficilement justifiables à nos yeux. Cependant, la guerre contre le terrorisme est celle qui est perdue d'avance si l'on a exclu l'esprit de justice, de partage et d'égalité. Aussi longtemps que les religieux ne s'accepteront pas dans ce monde qui n'est rien d'autre qu'une représentation spirituelle de la tour de Babel très chère à la pensée du Créateur qui condamne à la tolérance. Tant que l'esprit de partage n'aura pas gagné l'humain, tant que certains penseront être les seuls vrais héritiers de la création, les seuls diffuseurs de la pensée à imposer à l'international, l'homme n'aura pas de paix. Donnez aux Arabes ce qui est respectable et digne pour eux, au pauvre une vie décente, à la femme sa place de génitrice dans ce monde. Respectez la dignité de l'homme noir sur terre et des tensions se tairont sans délais. Pour un vivre ensemble beaucoup plus doux et pour une paix durable. Parce qu'en fait, celui qui conteste sans arrêt est celui qui se sent victime d'une injustice quelque part. Celui qui proteste est celui qui se sent lésé tout simplement. Il faut un dialogue, des explications et le respect mutuel. Ce ne sont pas les extra-terrestres qui viendront enseigner aux terrestres que l'on ne devient terroriste qu'à force de perdre espoir de faire de sa vie une lumière pour les siens. Que cela n'est possible que lorsqu'on a choisi de donner sa vie en protestation pour sauver celle des siens qui malheureusement naissent et meurent dans l'indifférence des autres humains. Surtout dans la soumission déshumanisante qui leur est imposée par la cupidité du G7 encore dépositaire de l'ordre mondial actuel. Comment les humains peuvent-ils continuer à se battre les uns contre les autres, des millénaires durant, sans comprendre qu'aucune race ne dominera l'autre à jamais ?

Comment ne comprennent-ils pas qu'aucune ne sera anéantie par l'autre, que toutes sont là pour le métissage, pour l'Universel ? Je ne comprends toujours pas qu'il y ait, encore en ces temps éclairés, des humains opposés à la présence de leurs semblables sur la terre des Hommes, comme si Dieu aurait fait une erreur dans sa création.

Au milieu des avis divergents ou convergents, quelqu'un se rappellera avoir besoin d'argent.

— Allez, allez les gars ! Dans vos comptoirs, il me faut vendre.

En sortant un jeu de cartes d'entre une tôle et une latte, Haminou ironisait en conseillant à celui-là de plutôt prendre une latte.

— Cogne-là sur la tête des passants indifférents devant tes *kallashi*, tes vêtements devenus bons pour la poubelle.

Le jour d'après, ils seront rassemblés devant le comptoir de Théo pour parler des musiciens.

— Qui est le meilleur musicien camerounais à l'heure actuelle ?

— Tu as suivi le nouveau Petit Pays ?

— Il a joué quoi ? Rien de bon. Du tapage. Rien de bon.

— Comment ça rien de bon ? Est-ce que tu as seulement l'oreille musicale, toi. C'est le meilleur.

— Meilleur dans quoi ? Plus que qui ? Tu as lu ça où ?

Muna qui avait l'habitude de dire que le chanteur en question n'est bon qu'au Cameroun, « *dans la musique du Mboa* », la musique du terroir, disait avoir des doutes quant à l'existence et la fiabilité d'un service de la comptabilité des ventes de la très controversée société des droits d'auteurs sur laquelle depuis l'indépendance trônent des crapules décidées d'affamer les artistes et encourager le plagiat, beaucoup plus rentable. Un thème pareil quittait généralement les musiciens pour les politiciens qui eux, sont traités de laxistes devant ladite piraterie. Un autre visage de la corruption.

— Pensez-vous que l'on puisse pirater You' au Sénégal ?

— Tu veux dire quoi ? Le *kamer* c'est le *kamer*, mon pote. C'est Pô Mbiya qui l'a dit lui-même. On n'est pas premier au hasard. On a *pash la baba* des *Naïgié*.

— Oui, mais si tu veux parler de *Popol*, tu es seul.

— Je pense qu'il y a des étrangers qui se sucrent derrière tout ceci. Parce que la logistique, l'intouchabilité et l'appui technique des pirates ne sont pas des moindres.

Des fois aussi, de fil en aiguille, on tombait dans des devisions qui ne peuvent rappeler à celui qui prendra le train en marche, le bout initial qui aura regroupé tout le monde devant le coin habituel.

***

Muna aimait bien ces débats qui d'une manière ou d'une autre, mais sûrement quelque part, instruisent, mènent à l'appréciation effective de ce que sont vraiment la diversité culturelle, celle d'opinion, la démocratie dans les discussions et la nécessité d'être instruit dans le monde actuel. Cependant, il avait remarqué que la rumeur et les *fakenews* circulent beaucoup plus rapidement que la vérité, dans les marchés où il est plus facile de mal s'informer, d'être le fil conducteur de la mauvaise information que de la bonne. Il se rendait également compte du décalage qui existe entre les quotients intellectuels des uns et des autres. Beaucoup comme Théo semblaient sortir à peine de la caverne de l'ignorance. Ils étaient à la fois naïfs, un peu imbéciles et toujours un peu en retard à l'analyse des faits. Perdus lors des débats, ils posaient et reposaient la même question dont la réponse avait longtemps été donnée.

— Tu poses la réponse, les lançait parfois Haminou.

Théo était toujours embrouillé lorsqu'il s'agissait de disséquer les conflits du monde. « *Hein, hein… ! Tu disais ?* ». Tayou, et Docta était dans « *quoi ? Massa !* ». Des fois, pour couper court, Haminou les traitait d'Average Dalton.

— Tu refroidis nos esprits. Si ton « *La* » est trop bas, tu n'as qu'à mettre les dièses à la Clef.

10

Muna était parvenu à classer les sauveteurs en deux groupes : celui des diplômés, dont les méninges s'usent tous les jours au soleil comme de la bonne herbe au milieu de l'ivraie, parce que la société n'a pas su quoi en faire et celui des milliers de jeunes qui sont tout simplement ignorants de la marche du monde et des systèmes qui le bâtissent. Certes, loin de penser que la politique et la religion sont des lieux de justice et d'égalité, ces derniers étaient tout bonnement naïfs de croire, comme l'ont été nos parents. Ils pensaient que les films n'avaient pas d'effets spéciaux, ou que les États-Unis sont aussi forts dans la réalité que dans leurs films. Ils semblaient même très étonnés lorsqu'il leur a parlé du tournage de Thriller ou celui de Dracula, lorsqu'il leur a parlé des dessous d'une guerre qui faisait l'actualité et nourrissait les quotidiens du monde entier, lorsqu'il a discouru sur le terrorisme, sur le problème Israélo-Palestinien. Ils étaient babas devant le maître qui dispense un cours magistral de sciences politiques, de géopolitique, de diplomatie ou même d'histoire des institutions en plein marché, comme avaient fait nos grands-parents sous les arbres dans l'Antiquité. Mais à la longue, il deviendra malheureux à leur place face à un triste constat : la majorité des fripiers ne lisent plus, ou ne le font que très difficilement. Ils sont plutôt friands du téléphone arabe. Une horde de jeunes Africains qui ignorent la menace de la mondialisation qui se dessine à l'horizon, parce que frappés de sénilité précoce, étant dans l'obligation de ne rechercher que des kits de survie journalière. Ils sont comme interdits d'utiliser leur intelligence, tant que l'occasion ne concourt pas au sens du besoin immédiat. Une intelligence qui, avec le temps, va sentir du roussi sur toute la réflexion de l'individu et de l'État qui maintient ses membres dans une activité abrutissante.

À force de tenir des discussions avec eux, il analysera également, non sans douleur, sa propre condition. C'était au prix d'un grand effort et surtout par amour pour la lecture qu'il tenait un livre dans ses mains, ou un magazine qui lui permette de se coller aux grands bouleversements que connaît le monde actuel. La friperie ne permet aucune autre activité intellectuelle que la sienne qui est faite de calculs et de prévoyance. Il se contente à présent de la radio et de sa nouvelle télé qu'il s'est procurées au prix des journées de diète. Le câble qu'il s'est offert dès sa nouvelle embellie lui ouvre heureusement une fenêtre d'évasion. Depuis la prison tissée par un système qui voile tout, qui empêche à des milliers de jeunes gens de penser à autre chose qu'à la survie quotidienne. Un système social entre les mains d'individus qui se foutent pas mal du devenir du très médiatisé « fer de lance » de la Nation. Un système qui est fortifié par tous ceux qui ne cèdent rien à cette jeunesse atteinte de sénilité précoce, pas même une once d'aisance. Comme dans la Rome antique, les hommes de pouvoir en place en Afrique divertissent les populations dans des guerres faites loin de la couronne, dans l'intérêt égoïste de jouir seuls des bontés du pays.

Conscient du fait que c'est vers ce à quoi tout mène dans ce domaine, il décida un jour qu'il devait chercher à sortir du rythme de cette expérience du lève-tôt, des marchandages, des retours fatigués. Celle du coucher tôt et des matinées où l'on se sent lourd à démarrer. Tout cela sans aucune perspective. La poursuite des moyens de survie au quotidien fabrique de malheureux et pauvres pingres obligés de se serrer la ceinture jusqu'au dernier trou. Qui grattent l'espoir dans la nuit du destin collectif, pour un avenir individuel qui ne prend vraiment pas par la sortie des profondeurs pour des hauteurs. Après des années dans les marchés de la ville de Yaoundé, la sortie du tunnel, promise par le chef d'État, mettait long à lui laisser jouir des lumières qui illuminent le pont de la dignité menant de la précarité à l'abondance. Sa situation est banale dans le milieu de la friperie. Elle est celle de la majeure partie de la jeunesse africaine qui souffre encore, quoi qu'on en pense, des séquelles de la décomposition de leur société. Surtout de la dégradante décolonisation qu'a suivi un néocolonialisme déstabilisateur, à travers des guerres de pouvoir qui sont suscitées par des étrangers. De la mauvaise gestion des ressources des États par ceux qui en étaient devenus responsables et notamment de la mauvaise redistribution des richesses collectives par les locaux qui ont repris la gestion des administrations publiques, après le départ des colons. Une jeunesse dynamique, intelligente, mais qui malheureusement aujourd'hui est tombée dans le lot des âmes oubliées qui se battent, encore et encore, sans jamais devoir mordre dans le fruit saint des efforts héroïques de leurs parents.

Des aigris de ce système ont pensé prendre la voie facile de redresseurs de torts des gouvernements en devenant des opposants, armés ou non. Coups d'État sur coups d'État, marches violentes ou pacifiques, grèves politiques et multiples tentatives de paralyser les institutions. La grande majorité de ces prestidigitateurs a abandonné dans la rue la partie du peuple qui avait cru en son discours de propagande, une fois les poches pleines.

On a l'impression et avec raison, que l'humain partout a choisi s'avilir. Considérant la différence du PIB par habitant qui existe entre une minorité ne dépassant pas les 10 % de la population mondiale, en plus frimeuse par son pouvoir d'achat très élevé, et une majorité instrumentalisée. Cette dernière parfois plus de 90 % de la population africaine ou mondiale, vache à lait de la minorité. Beaucoup dans sa situation auraient visité nuitamment des lieux au prix de leur liberté, voire de leur vie, mais faut-il souiller sa conscience par des actes bien salissants, alors même que le futur aurait de beaux restes avec lui ? Il était convaincu que la grande histoire du monde est aussi faite de destins comme les siens et plus sombres encore au départ, mais qui à la fin, ont été des réussites. Ce qui arrive au cours d'une vie est forcément de grands enseignements nécessaires pour la suite. À chacun de faire des événements négatifs de sa vie des alliés. Il était un mec dans cette galère qui tangue, mais paradoxalement donne l'assurance de ne jamais couler, même si les mâts craquent et donnent froid au dos. Il avait simplement besoin d'un peu d'aide pour se sortir du tourbillon. Ah ! Si seulement il pouvait se mettre en dehors du ring dans lequel participe chaque instant de sa vie, d'une manière aussi brutale que totale, afin de se bâtir un avenir comme il le pense !

Un soir qu'il philosophait ainsi, il mit ses genoux au sol pour prier.

— Père, je ne suis pas toujours doté de la faculté à toujours se rationaliser. Gagner ma vie n'a jamais été mon point fort. Comme Salomon, je t'ai prié pour obtenir de toi assistance, sagesse et intelligence, mais Seigneur sache que je suis un humain avec des besoins matériels à assouvir dans ce monde. Des murs subsistent et résistent à faire de ma foi une pratiquante et militante. Je voudrais des réponses pratiques dans ce monde d'humains. J'ai quitté Akwa pour Bawedi à Deido pour comprendre pourquoi beaucoup, comme moi, vivent toute une existence de galère sans jamais avoir de sérénité, pourquoi l'avenir à chaque fois a été hypothéqué après de grands efforts, pourquoi après autant de sacrifices pour un objectif, le destin ne s'est pas soumis, n'a pas rompu et n'a pas muté en quelque chose de plus tolérable. Et pourquoi, il ne s'est incliné humainement nulle part, au moment où j'aurais aimé continuer les études. Les pauvres n'ont-ils pas aussi droit aux joies de la terre des

hommes ? J'ai très tôt appris à encaisser les coups douloureux avec philosophie, comprenant qu'une situation ne m'arrive que, pour que, stoïquement,
j'en apprenne pour mon avenir. Ignores-tu mes souffrances ? Qui mieux que
toi pourrait parler de ma vie ? Ai-je vraiment eu de vrais instants de bonheur autres que les nombreux enseignements à travers mes diverses peines ?
S'il m'est donné d'écrire l'histoire de ma petite vie, je noircirais sûrement d'un
trait pas toujours gai des pages entières en ne mettant qu'une seule ponctua-
tion, le point final. Oui, disert et utile, je le serais. Je parlerai des jours de mon
enfance pleins de ressentiments, lorsque j'ai su lire la misère autour de moi.
Le souvenir qui me revient tout le temps est celui d'une journée de mes huit
ans, lorsque fatigué par la faim, j'ai perdu connaissance sous la table de la
véranda, après avoir longtemps pleuré. J'ai été ramené à la conscience par
petites secousses répétées qu'accompagnait la voix qui pleurait au-dessus de
moi. Celle de ma maman, Sita Bellè. J'avais ressenti ses larmes chaudes sur
ma poitrine. C'est à cet âge aussi, Seigneur, que tout commença à s'empiler
dans mon esprit de petit homme précoce. À qui tu faisais comprendre le
drame vécu par les grandes personnes, à qui tu apprenais à lire la misère tout
autour et souffrir de ses effets tels que la honte et le rabaissement. J'ai toujours su que c'était anormal d'aller à l'école en mettant mes cahiers dans un
sac plastique, si le sac des sorties de maman était indisponible. Tu sais mon
Dieu, que j'avais compris que c'est la précarité qui mène à cela, qui me faisait
aller à l'école en prenant un macabo avarié comme petit-déjeuner. Et la
beauté du sac était moins importante que la question de son utilité. Il était
celui de ma mère, je l'aimais ainsi. Il était le seul sac de sorties que nous pos-
sédions à cette époque. C'est ce qui comptait le plus pour moi qui avais également compris, très tôt, qu'il ne faut pas être trop exigeant face à la précarité.
L'université n'avait été que la goutte d'eau qui avait débordé. Seigneur, à présent bénis-moi, montre-moi la voie, dis-moi quoi faire pour m'en sortir. Je
suis fatigué de cette prison, je me remets à toi, Seigneur.

Alors qu'il était à genoux devant le Seigneur, une voix en son for intérieur
s'imposa à son esprit en prière.

« Tu sais aujourd'hui ton héritage. Tu m'as demandé la sagesse, et ceci depuis
ton enfance. Tu as frappé des pieds pour naître intelligent, mais la terre, et le
ciel que j'ai créé avaient reçu l'ordre de t'instruire par la voie des souffrances.
Une voie beaucoup plus noble. Puises-y tout le nécessaire pour être ce dont

tu rêves de devenir. Toi seul feras ce que j'ai dit que tu seras. Chaque jour, dis et fort : « *je suis ce que Jéhovah a dit que je suis* ». Tout le monde ne peut avoir le même destin. Aux uns, j'ai donné l'aisance, aux autres la souffrance. Mais vous tous aviez des missions bien définies sur terre. Alors à présent, lève-toi, car ton temps est arrivé de franchir le pont qui mène à la dignité humaine. Tu es délivré de beaucoup de choses. Dès cet instant, tu entres dans une nouvelle étape de ta vie, celle où tu vas travailler à rendre les autres heureux.

***

Son rêve d'enfance lui était revenu comme par enchantement depuis la prière. Son esprit avait commencé à solliciter autre chose, comme de lui demander de jouer un peu de guitare, de pousser la chansonnette, d'aller avec Avia, son ami IP, dans des cabarets. Depuis qu'il a compris abîmer sa santé en poursuivant du vent en vendant dans des marchés de la ville, son vieux cahier dans lequel il avait consigné plus de deux cents textes de chanson a recouvré toute son importance. Ce cahier l'accompagne un peu partout depuis des années. Chaque émotion de sa vie avait ses chansons, ses thèmes et son rythme. Il se savait avoir l'âme artiste, bien que la force des choses l'ait toujours poussé loin de son talent, bien qu'il soit conscient de ses potentialités.

Depuis quelques semaines, chanter devenait une obsession. Une seule chanson entendue à la radio, un seul livre commenté à la télé, perdaient son esprit dans des rêves d'œuvres achevées. Son premier livre, son premier album ! Les soirs, il rassemblait les écrits et les idées dispersées sur plusieurs feuillets remplis, que ce fut chez madame où il avait transformé la table de la cuisine en table d'écriture ou sur le sol de Mballa 2, aussitôt qu'il avait emménagé au Carrefour Régis. Il griffonnait sur quelques feuillets chaque soir et très tôt certains matins. Il n'avait pas de peine à le faire, trouvant même doux d'étaler sur du papier des chapitres de sa vie d'homme, après la douche du soir, en oubliant parfois de dîner. Il n'avait encore ni chaise, ni table à Mballa II. Pas grave ! Il écrivait à même le sol et dans son lit. Pour atténuer son mal de dos, il allait du sol au lit et du lit sur un couvercle de marmite. Il était bercé par le son de la télé qu'il ne regardait que lorsqu'il était attiré par une voix ou un commentaire. Lorsqu'il s'y mettait, Muna se repliait encore plus sur lui-même, rarement sortait-il, très peu même ressortait-il après le retour du marché. Il était l'homme de l'espoir dans sa légende personnelle, profondément convaincu que la vie, c'est devant. Il avait terminé le brouillon d'un nouveau

143

roman en meublant ses soirées. Le deuxième, depuis qu'il était en location. Très rapidement, il s'était lancé vers d'autres histoires. Au sixième mois, il avait terminé le squelette de l'histoire d'un couple mixte dans le tumulte de son existence amoureuse. Son besoin d'évasion était grand. Trois jours seulement après avoir terminé avec cette histoire, il s'était jeté sur une vielle inspiration laissée à moitié qui traitait des plaintes africaines contre le néocolonialisme. Au fond de lui, il avait cette envie de partager ses différentes expériences avec le commun des mortels. Celle de sa vie et celle de son immersion dans le monde de la friperie dans laquelle il était conscient de posséder l'une des plus grandes richesses commerciales : l'expérience.

Sa copine était revenue de son Sud-Ouest natal, après plus de six mois de formation, avec une bourse pour le Canada. Mais son esprit avait changé. Elle lui paraissait distante et dans des projections dont il ne constatait amèrement ne pas en faire partie. Des années après qu'elle est partie du pays, elle ne lui fera pas signe de vie du Canada. Un nouvel épisode à refermer dans sa vie. Petit à petit, il prendra ses distances avec le milieu de la sauvette, parce qu'on ne gagne jamais la friperie. Il avait un peu d'argent de côté, il était en règle avec le loyer et n'avait plus de dettes à même de plomber sa vie au quotidien. Il pouvait oser autre chose pour s'évader de la prison de l'informel.

***

Le téléphone portable de Muna sonna autour de neuf heures du matin un dimanche alors qu'il était encore au lit, après une longue nuit d'écriture. Il avança une main dont l'esprit égaré dans le sommeil guidait automatiquement.

— Oui, allô !

— Muna ? *Mba nu.* C'est moi. *E mala nèni* ?

La voix de son grand-frère Ebenny le réveilla d'un coup.

— Ok, je n'ai pas assez d'unités. Je t'envoie mille deux cents Euros pour que tu puisses te dédouaner comme tu m'as demandé et pour que tu te relances ailleurs… Je crois que c'est mieux pour toi de diversifier tes activités. Tes histoires de friperie-là, je ne sais pas ce que tu y fais, tu es même commerçant depuis quand ? Solde toutes tes dettes et trouve-toi autre chose à faire. Je crois qu'il serait mieux pour toi de quitter le milieu de la friperie, Allô ! Qu'en dis-tu ?

Ce qu'il en dit ? Qu'une porte venait de s'ouvrir moins d'un mois après sa prière adressée au dieu des circonstances. Et ceci sera la suite de notre histoire.

Infoline

Vous pouvez également obtenir ce livre en version numérique sur :

Amazon : ASIN : B08HW6ZCM6

PDF sur le site de l'auteur : https://www.saimondy.com/

Pour continuer la discussion avec l'auteur : saimondy@gmail.com